MACHADO DE ASSIS

UM AUTOR EM PERSPECTIVA

MACHADO DE ASSIS

UM AUTOR EM PERSPECTIVA

São Paulo
2013

© Academia Brasileira de Letras, 2013
1ª Edição, Global Editora, São Paulo 2013

Diretor Editorial
JEFFERSON L. ALVES

Editor Assistente
GUSTAVO HENRIQUE TUNA

Gerente de Produção
FLÁVIO SAMUEL

Coordenadora Editorial
SANDRA REGINA FERNANDES

Revisão
ALEXANDRA RESENDE
ANA BEATRIZ SOUTO MAIOR
JULIANA ALEXANDRINO

Capa
EDUARDO OKUNO

Projeto Gráfico e Diagramação
EVELYN RODRIGUES DO PRADO

ACADEMIA BRASILEIRA DE LETRAS
Diretoria
Presidente – Ana Maria Machado
Secretário-geral – Geraldo Holanda Cavalcanti
Primeiro-secretário – Domício Proença Filho
Segundo-secretário – Marco Lucchesi
Tesoureiro – Evanildo Cavalcante Bechara

CIP-BRASIL. Catalogação na fonte
Sindicato Nacional dos Editores de Livros, RJ

M129

Machado de Assis : um autor em perspectiva / [Ana Maria Machado ... et al.]. – 1. ed. – São Paulo : Global, 2013.

(Um autor em perspectiva)

ISBN 978-85-260-1929-4

1. Literatura brasileira- História e crítica I. Machado, Ana Maria, 1941- II. Série.

13-02391

CDD: 809
CDU: 82.09

Direitos Reservados
**Global Editora e
Distribuidora Ltda.**

Rua Pirapitingui, 111 – Liberdade
CEP 01508-020 – São Paulo – SP
Tel.: (11) 3277-7999 – Fax: (11) 3277-8141
e-mail: global@globaleditora.com.br
www.globaleditora.com.br

Obra atualizada
conforme o
**Novo Acordo
Ortográfico da
Língua
Portuguesa**

Colabore com a produção científica e cultural.
Proibida a reprodução total ou parcial desta obra sem a
autorização do editor.

Nº de Catálogo: **3598**

MACHADO DE ASSIS
UM AUTOR EM PERSPECTIVA

Sumário

Apresentação – Ana Maria Machado 9

Prólogo – Ascensión Rivas Hernández 11

Machado de Assis no processo literário brasileiro – Domício Proença Filho 17

Diálogos machadianos – Ana Maria Machado 33

Tristram Shandy, Brás Cubas e a tradição metaficcional
no romance do século XIX – Pedro Javier Pardo García 49

Capitu: retrato de uma gioconda brasileira – Antonio Maura 69

Espelhos e marcos narrativos em Machado de Assis –
María Isabel López Martínez 83

Metaficção, fantasia e realidade nos contos de
Machado de Assis – Ascensión Rivas Hernández 99

Uma leitura comparada entre Machado de Assis e Unamuno
no marco da Sátira Científica – Begoña Alonso Monedero 121

A sociedade reproduzida no espelho fotográfico da forma dramática:
Machado de Assis e o teatro – Carlos Paulo Martínez Pereiro 143

Uma conversa de vizinhos: a crônica jornalística em Machado
de Assis, entre o local e o universal – Javier Sánchez Zapatero 159

Sugestões e evasivas. Escritura de si e testemunhos da criação literária
no epistolografia de Machado de Assis – Marcos Antonio de Moraes 175

Estratégias no mercado editorial brasileiro das décadas de 1960-1970.
O papel das antologias de contos e o caso da *Missa do Galo*.
Variações sobre o mesmo tema – M. Carmen Villarino Pardo 195

Biografia dos autores 215

UMA FÉRTIL PERSPECTIVA

Ana Maria Machado
Presidente da Academia Brasileira de Letras 2011-2013

Este é o primeiro volume de uma nova série, feita em coedição pela Editora Global e a Academia Brasileira de Letras. Mas essa não é a única parceria em que estes livros se apoiam. Ela vai mais longe e envolve outras contribuições, sobretudo de universidades no exterior.

Cada volume focalizará a obra de um autor, visto com a perspectiva fornecida pela distância. Por vezes, em contraste com visões mais de perto de especialistas brasileiros. Reunindo textos de autores brasileiros e estrangeiros, tendo em comum o foco sobre a obra de um de nossos escritores, propicia-se a oportunidade de uma visão multifacetada muito interessante e fecunda, sobretudo por sua qualidade e diversidade e pela autoridade dos especialistas que a compõem, ao examinar aspectos muito variados da criação literária do autor abordado.

No caso deste livro, o ponto de partida foi um seminário sobre a obra de Machado de Assis, organizado na Espanha pela Universidade de Salamanca, com a qual a Academia Brasileira de Letras mantém um convênio que busca incentivar o conhecimento mútuo de nossos autores. Um dos objetivos da ABL também é o de estimular a crescente formação no exterior de uma fortuna crítica de qualidade sobre a obra dos acadêmicos.

Um dos mais instigantes estudos sobre a obra de Machado de Assis, o clássico ensaio de Roberto Schwartz, o apresenta como um mestre na periferia do capitalismo. Este livro, entre outras coisas, traz uma contribuição original: a de um olhar direto desse centro europeu para essa periferia brasileira, em diálogo com nossas visões. Um olhar iluminado por luzes distantes mas poderosas. No caso de Machado, não é o primeiro – e a importante obra de John Gledson o comprova. Mas esta nova contribuição enriquece a estante machadiana e fica como sugestão para novos diálogos, nessa perspectiva que se deseja fértil.

Prólogo

Joaquim M. Machado de Assis (Rio de Janeiro, 1839-1908) é uma das figuras mais destacadas das letras brasileiras e um de seus autores mais universais,[1] apesar de não ter recebido a merecida atenção fora de seu país. Já em 1914, Miguel de Unamuno[2] lamentava o desconhecimento de sua literatura – e da cultura brasileira, em geral – tanto de uma perspectiva pessoal quanto nacional. Em 1970, mais de sessenta anos depois da morte de Machado, Hellen Caldwell[3] mostrava-se aliviada e satisfeita ao afirmar que a ignorância da crítica norte-americana sobre sua obra havia, por fim, terminado após anos de inépcia e desatenção. Para provar isso, aludia à edição em seu país dos romances *Memórias póstumas de Brás Cubas, Dom Casmurro, Quincas Borba e Esaú e Jacó*, assim como de alguns contos. É possível que a língua portuguesa, injustamente desvalorizada no mundo da cultura e da comunicação, tenha sido um dos motivos desse desinteresse, ao qual teria de acrescentar o isolamento político e intelectual sofrido pelo Brasil até pouco tempo.

Independentemente de suas causas, tal descuido é incompreensível para quem se adentra na obra de um autor que alguns qualificam de *divino*,[4] e que escreveu em todos os gêneros – poesia, romance, conto, teatro, jornalismo –, bem amiúde em um grau de excelência. Sua literatura está viva ainda, e assim corroboram os trabalhos que, ainda hoje, aprofundam em seu estudo e tratam de ver sua produção com novos olhos e a partir de diversas perspectivas. Se a ambiguidade é uma das chaves da obra machadiana – e um dos fundamentos de sua plurissignificação –, também a ironia, o sarcasmo, o humor, a melancolia, a profundidade ou a inteligência, são componentes

---

1 Assim o afirma, entre outros, J. L. Jobim na "Introdução" de *A biblioteca de Machado de Assis*. Rio de Janeiro: Topbooks e Academia Brasileira de Letras, 2001, p. 11.
2 Em carta dirigida a Sílvio Júlio, como ressalta Begoña Alonso em seu artigo.
3 Em *Machado de Assis. The Brazilian Master and his Novels*. Berkeley / Los Angeles / London: University of California Press, 1970.
4 Por exemplo, Carlos Paulo Martínez Pereiro em seu artigo.

irrefutáveis de uma produção ao mesmo tempo brasileira e universal.[5] Mas onde Machado demonstra ser um autêntico mestre é no contorno dos mínimos motivos, na análise da contradição inerente à alma humana e no lance de um olhar, ao mesmo tempo íntimo, lúcido e sutil, no interior do homem. Eugênio Gomes assinala uma citação na qual o mesmo autor de *O alienista* se manifesta satisfeito de captar "o mínimo e o escondido. Onde ninguém mete o nariz, aí entra o meu, com curiosidade estrita e aguda que descobre o encoberto".[6] Porém, a crítica também soube perceber esses traços de sua escritura, e assim Peregrino Júnior revela que a leitura de Machado de Assis é "um convite à meditação e ao debate", e mais adiante assinala como "trabalhando um mínimo de material exterior, ele conseguiu realizar o máximo de vida interior".[7] E Maria Luísa Nunes explica que sua obra "stimulates a profound response to the questions surrounding human existence [...]".[8] Por tudo isso, sua literatura exige um receptor ativo, capaz de comprometer-se com o texto e de avivar todos os apetrechos necessários para uma leitura complexa. E por tal razão, desse modo, alguns pesquisadores se referem às armadilhas de um escritor como Machado, que se, por um lado, consulta o leitor e o faz sentir parte da trama, por outro brinca com ele, obrigando-o constantemente a ler nas entrelinhas e a manter a inteligência alerta.[9]

Minha aproximação crítica de Machado de Assis se amplia e se fortalece com a edição desta monografia dedicada à sua obra. Nesta caminhada, houve tempo de estudo e trabalho, mas igualmente a possibilidade prazerosa de conhecer parte do imaginário machadiano. Passear pelo Rio de Janeiro ou visitar a Academia Brasileira de Letras e conhecer alguns de seus

---

5   Também o assinala em seu artigo Javier Sánchez Zapatero.
6   Em "O microrrealismo de Machado de Assis", assinalado em Alfredo Bosi, *Machado de Assis*. São Paulo: Ática, 1982, p. 369.
7   Em "Vida, ascensão e glória de Machado de Assis". In: P. Júnior; C. Mota Filho; E. Gomes, A. de Carvalho. *Machado de Assis*. Bahia: Publicações da Universidade da Bahia, 1959, p. 26.
8   Em Maria Luísa Nunes, *The Craft of an Absolute Winner. Characterization and Narratology in the Novels of Machado de Assis*. Connecticut: Greenwood Press, 1983, p. 12.
9   Maria Nazaré Lins Soares em *Machado de Assis e a análise da expressão*. Rio de Janeiro: Instituto Nacional do Livro, 1968, p. 68.

membros, reavivou um interesse já então sólido e aproximou-me ainda mais de um autor essencial para compreender a literatura da segunda metade do século XIX.

Este livro se enquadra nas atividades ora realizadas pelo Centro de Estudos Brasileiros da Universidade de Salamanca que, em novembro de 2010, promoveu algumas jornadas literárias sobre o escritor carioca, cuja finalidade era aproximar sua obra do leitor espanhol. Reúnem-se agora algumas daquelas intervenções, porém assinalam-se aqui as contribuições de outros estudiosos que apresentaram seus ensaios para esclarecer a obra de Machado. O resultado desse esforço coletivo é sugestivo porque aborda a maior parte de sua produção, e porque o faz a partir de uma ótica variada e de âmbitos diversos. Há artigos de pesquisadores espanhóis que lançam um novo olhar e estudos comparados sobre o autor de *Memorial de Aires* e, em contraponto, há ensaios de especialistas brasileiros que apresentam uma visão mais canônica do escritor. Ambas as perspectivas se entrecruzan no livro, complementam-se, ao mostrarem que a leitura dos autores privilegiados não se esgota em seu espaço geográfico ou cultural, e que existe uma literatura excepcional que estimula críticos formados em ambientes heterogêneos.

Nesta obra incluem-se as contribuições de dois membros da Academia Brasileira de Letras, grande propulsora de tal projeto: Domício Proença, que introduz uma obra do autor e a situa em seu campo literário, e Ana Maria Machado, que estuda o diálogo machadiano e a exigência de um receptor ativo capaz de compreender as alusões e os jogos de seus relatos ficcionais. Javier Pardo analisa as relações entre *Memórias póstumas de Brás Cubas* e o romance autoconsciente inglês. A obra de Machado, escrita após vestígios de Sterne e Fielding, mas igualmente de Cervantes, Diderot ou de Xavier de Maistre, dá outra volta de 360 graus à tradição por meio da paródia, da destruição dos convencionalismos do gênero ou da metadiscursividade, recursos que o carioca utiliza com inusitada destreza. Antonio Maura estuda a figura de Capitu, protagonista feminina de *Dom Casmurro* e quase um símbolo nacional brasileiro. Mulher poderosa e sensual, cheia de mistérios e sabedoria oculta, Capitu será antecedente de numerosas personagens machadianas, tanto de romances quanto de relatos, e pode ser comparada, desse modo, com outras heroínas da literatura ocidental do século XIX, como Ana Karenina, Emma Bovary ou Luísa, a personagem principal de *O primo Basílio*. Maria Isabel López Martínez analisa o valor que Machado de Assis confere em seus contos ao motivo do olhar no espelho, que marca presença décimo-nona na narrativa europeia. O espelho exerce várias funções, como revelar a personalidade oculta, mostrar ao *eu* como espectador de si mesmo ou reforçar a sensualidade do próprio corpo. Para explicar isso, disseca relatos tão significativos como "O espelho", "Teoria do figurão", "Noite de almirante" ou "Missa de Galo", entre outros. Em meu artigo analiso a importância que Machado concedia à literatura – e, como integrante do universo ficcional no qual esta se acha emoldurada, à imaginação, ao sonho ou à fantasia – dentro de sua própria criação, àquela que valoriza acima da realidade. Apenas na literatura – ou em alguma de suas variantes – é possível o verdadeiro encontro amoroso ou a manifestação do *eu* mais íntimo, e só por intermédio desse mundo ficcional torna-se possível explicar elementos ocultos de alguns contos. Begoña Alonso Monedero faz uma leitura, a partir do comparativismo, de *Amor e pedagogia*, de Miguel de Unamuno, e *O alienista*, textos nos quais se denuncia o fracasso do dogmatismo positivista, que ignora a complexidade do ser humano e o conduz ao absurdo ou à morte. Carlos Paulo Martínez Pereiro analisa o teatro de Machado, desde sua primeira obra, *Hoje avental, amanhã luva* (1860), até *Lição de botânica* (1905), escrita três anos antes de sua morte. O teatro machadiano se fundamenta em elementos de caráter literário, como a linguagem e o diálogo, e por isso se discute amiúde sobre seu tom pouco dramático, segundo se explicita nesta pesquisa. O artigo de Javier Sánchez Zapatero examina os escritos que Machado publicou na imprensa. Nas crônicas, dotadas de certo caráter costumbrista e por isso relacionadas com as de Irvin, Larra ou Dickens, demonstra ser um grande observador de seu tempo, capaz de refletir as mudanças sociais e políticas vivenciadas pelo Brasil na segunda metade do século XIX. Marcos A. de Moraes trata das cartas, com especial atenção as de 1908, ano da morte do autor, e enfatiza a contenção íntima das mesmas. Por último, partindo da publicação de *Missa do*

Galo. Variações sobre o mesmo tema, onde se recria o conto machadiano "Missa do Galo", Carmen Villarino estuda a importância do relato na tradição literária dos anos sessenta, setenta e oitenta, e adentra pelas águas procelosas do campo literário brasileiro.

Para finalizar, em um trabalho como este é necessário abrir um capítulo para a gratidão e o reconhecimento. Faz-se justiça agradecer ao Centro de Estudos Brasileiros da Universidade de Salamanca a receptividade das Jornadas sobre Machado de Assis – o que permitiu que nos encontrássemos e que compartilhássemos as leituras do autor –, assim como a realidade desta publicação. É também imprescindível agradecer o apoio da Academia Brasileira de Letras a este projeto; à editora Massangana, da Fundação Joaquim Nabuco, a edição da obra, e a todas as pessoas – impossível enumerá-las – que de um modo ou de outro alentaram a realização deste livro. Por fim, e nem por isso menos importante, os autores merecem meu agradecimento pela aprovação diante das contingências, por sua disciplina e dedicação. De sua perspicácia e de seu talento falam as páginas que escreveram.

Ascensión Rivas Hernández
Universidade de Salamanca

Machado de Assis no processo literário brasileiro

Domício Proença Filho
Academia Brasileira de Letras

A obra literária de Machado de Assis data da segunda metade do século XIX. Destaca-se, na dinâmica do processo literário brasileiro, por sua excepcional singularidade.

Configura, no âmbito da produção ficcional, uma nova estruturação, antecipadora do romance moderno e sedimentadora da narrativa curta. Amplia dimensões da crônica. Destaca-se também, em menor escala, no teatro. Enriquece, no âmbito do ensaio, a reflexão sobre a língua portuguesa e a literatura brasileira.

Antes dele, e ainda no seu tempo, predominavam, nos romances e nos contos, o centramento no enredo, o narrador onisciente, a preocupação com a matéria brasileira do presente e do passado, e o destaque nos costumes. De um lado, à luz de uma visão idealizada, pautada na imaginação, no sentimentalismo e no subjetivismo, de outro, uma visão realista, objetivamente dimensionada pela observação e pela análise.

Machado traz para a narrativa a prevalência da temática marcada de universalidade e novas configurações na linguagem. O tratamento que confere à narrativa assegura-lhe a posição singular, a dimensão renovadora, a permanência e a atualidade dos seus textos.

A maioria de suas obras de ficção permanece e é atual na medida em que, numa linguagem excepcionalmente trabalhada e altamente polissêmica, nuclearizam-se em questões relacionadas fundamentalmente com a condição humana. Envolvem, a partir de personagens e ambiência brasileira, temas vinculados ao psiquismo humano imunes à ferrugem de Cronos.

A temática neles presentificada abrange, nesta direção, entre outros destaques, o amor, o ciúme, a morte, a afirmação pessoal, o jogo da verdade e da mentira, a cobiça, a vaidade, a relação entre o ser e o parecer, as oscilações entre o Bem e o Mal, a luta entre o absoluto e o relativo e, numa perspectiva niilista, a prevalência fatal das tramas do destino.

Suas criaturas movem-se em espaços urbanos do Brasil, notadamente do Rio de Janeiro do século de Oitocentos. Essa localização, entretanto, em nada diminui os espaços de reflexão que suas narrativas impõe. Pelo contrário. O que ressalta nessa articulação é uma percuciente visão do mundo e dos seres humanos que aprofunda o nosso mergulho em direção de nós mesmos. Ele nos coloca, desse modo, diante de obras de caráter universal que não se desvinculam de sua brasilidade.

Cada novo leitor, armado de seu repertório cultural, como é consabido, pode ser capaz de identificar na dimensão escondida no tecido literário, *emoções* coincidentes com as que povoam o âmago do seu universo psicológico. Machado de Assis situa-se entre os escritores que conseguem atingir em plenitude tal dimensionamento em sua linguagem, para além do tempo em que escreve. Isso se evidencia nos romances e nos contos da fase de maturidade de sua produção literária.

O processo criador que caracteriza sua obra ficcional, cumpre ressaltar, deixa perceber um gradativo aprimoramento técnico que permite depreender, com todos os riscos de redução inerentes a classificações de tal natureza, uma fase de iniciação e uma fase de maturidade estável integradas. Na primeira, a crítica situa os romances *Ressurreição* (1872); *A mão e a luva* (1874); *Helena* (1876). Na transição, *Iaiá Garcia* (1878). Na fase de plenitude, *Memórias póstumas de Brás Cubas* (1881); *Quincas Borba* (1891); *Dom Casmurro* (1899); *Esaú e Jacó* (1904); *Memorial de Aires* (1908). Na área da narrativa curta publicada em livro, *Contos fluminenses* (1869) e *Histórias da meia noite* (1873) constituem a primeira fase. Da segunda, fazem parte *Papéis avulsos* (1882); *Histórias sem data* (1884); *Páginas recolhidas* (1899) e os contos de *Casa velha* (1906).

Perpassemos, com breves considerações, como fundamentação, os romances e os contos da fase de plenitude.

Memórias póstumas de Brás Cubas faz-se de um percurso existencial. A narração é conduzida pelo personagem do título, um solteirão morto, que resolve contar sua vida e refletir sobre ela. O personagem é o eixo da narrativa. Tudo flui a partir dele, de sua vida, de sua visão de mundo. Os demais personagens, os fatos e a vida social emergem de sua interpretação. E ele não titubeia diante de indiscrições e inconfidências. Configura-se o resgate do tempo na memória, com se explicita desde as primeiras páginas incluídas nas palavras dirigidas "ao leitor". Destaca-se, na trama, simples como em todos os romances machadianos, a presença da relação adúltera. No caso, apresentada sem conflito de consciência pelo narrador, o que pode ser analisado em seu envolvimento com a sutil Virgília.

Brás coloca-se em uma condição privilegiada, a qual possibilita uma perspectiva distanciada e livre de qualquer concessão: afinal trata-se de "um defunto autor, para quem a campa foi outro berço",[1] como escreve no capítulo primeiro.

A ação localiza-se no tempo e no espaço: num fragmento da sociedade brasileira da segunda metade do século XIX, no Rio de Janeiro, que nos chega metonimicamente numa visão restrita.

Nesse sentido evidencia-se a parcimônia do autor, em termos de espaço físico, de personagens e sua movimentação, de aspectos da vida. Mais do que a ação e a ambiência, ganha relevo a reflexão, que domina o discurso do narrador. Configura-se a subjetividade hipertrofiada.

Neste livro, a irônica obsessão do narrador define bem a dimensão universalizante: sua ideia fixa é "nada menos que a invenção de um medicamento sublime, um emplastro anti-hipocondríaco, destinado a aliviar a nossa melancólica humanidade" (p. 627), uma ideia que, ainda nas suas palavras, "trazia duas faces como as medalhas, uma virada para o público, outra para mim. De um lado, filantropia e lucro, do outro lado, sede de nomeada. Digamos: amor da glória" (p. 628).

---

1 ASSIS, Joaquim Maria Machado de. "Memórias póstumas de Brás Cubas". In: *Obra completa*. 2. ed. Rio de Janeiro: Nova Aguilar, 2008, v.1, p. 626. Todas as citações pertencem a esta edição.

Nada mais humano. E carregado de burguesia. Observa-se que a trágica moléstia e a dupla motivação continuam altamente motivadoras, ainda no nosso atribulado século XXI.

Brás Cubas não consegue realizar o seu propósito, como tantas outras pessoas, que é realizar-se a si mesmo. Daí a revisão que, morto, faz de sua vida. Revisitação acentuada pela amarga corrosão, pois sua visão de mundo traz a marca do pessimismo trágico, porém não nos angustia tanto o seu fracasso que ele escreve: "com a pena da galhofa e a tinta da melancolia" (p. 625). Machado amortece a tragédia com a contrapartida do humor. Humor por vezes caricatural. Com isso, compensa a possível tensão potencializada no texto. A vida continua, apesar de absurda. A história acaba em nada, como se lê ao fim do último capítulo, sintomaticamente denominado "Das negativas": "Não tive filhos. Não transmiti a nenhuma criatura o legado da nossa miséria" (p. 758).

Curiosamente, o narrador permeia a narrativa em diversas passagens com um certo gosto de viver, apesar de tudo.

O texto evidencia a ditadura da aparência, a supremacia do parecer sobre o ser. O vazio da existência humana. A volúpia do nada. Nem Céu, nem Inferno. A vida, com sua limitações e seus mistérios. Trazida na visão de um personagem-narrador carregado de cinismo irônico, de certa crueldade niilista, aliada à permanente ridicularização.

Explicita-se no romance o problema do desdobramento da personalidade, que culmina com o dilema entre razão e sandice, e razão ou loucura. Fragmentações. Esse dilacerar-se é configurado sob a égide da ironia e do humor, num processo de carnavalização, no sentido bakhtiniano do termo. A ironia habita a ambiguidade do texto. O tratamento irônico exige do leitor a abdicação da passividade.

Machado relativiza o comportamento humano, da mesma forma com que relativiza a própria técnica narrativa, ao escrever um romance dentro do romance. E questiona a ética: Brás aparenta não fazer caso do julgamento moral. Mas esse comportamento o incomoda, pois ele mesmo incita o leitor a assumir tal juízo. Um exemplo: ele destaca as ameaças, os sobressaltos do relacionamento adúltero com Virgília. Cinicamente, simula não lhes dar importância, mas, ao mesmo tempo, teme as consequências. E termina por avaliar e ver diluído o envolvimento. Com isso ele humaniza-se. O tom de indiferença – e mais de um crítico o assinala – resulta da estratégia genial de Machado ao fazê-lo um defunto autor, portanto, imune aos sentimentos menores da reles condição humana.

A marca do comportamento ético de Brás Cubas é a ambivalência. A violação das regras morais encontra complacência na racionalidade. O personagem-narrador permanece o tempo todo na tentativa de justificar seus procedimentos à luz de conhecimentos filosóficos, citações de toda ordem, pinçadas, especialmente, na medida em que servem aos seus propósitos. Machado chega a desenvolver um sistema filosófico capaz de abrigar os conflitos morais decorrentes do comportamento dos personagens: o Humanitismo. Não é sem razão que, ironicamente, o seu autor é um filósofo louco, Joaquim Borba dos Santos, o Quincas Borba, que voltará em outro romance.

E ninguém termina feliz nessa história. Nem mesmo Brás, frustrado em todos os seus projetos. E não se desespera porque está do outro lado, com o mesmo distanciamento que obriga o leitor a colocar-se em seu relato. Já não vive as vicissitudes do seu conflito.

Mesmo depois de morto é um angustiado que procura na ironia e no riso o disfarce e o consolo para o seu fracasso existencial. Ao fundo, o diálogo intertextual confessado com Sterne, Xavier de Maistre, Almeida Garret e com a sátira menipeia.

A multissignificação do texto tem permitido essa modalidade de interpretação ao lado de outras. Não se trata de leituras excludentes. Na realidade, por força dessa mesma característica, admitem, como demonstra a agudeza crítica e insuspeita de Alfredo Bosi, uma interpretação que integra múltiplas perspectivas.

O renomado crítico brasileiro (Bosi, 2006) propõe como leitura do romance uma visão integradora, que não opõe ou separa o que é brasileiro e universal, o cronista da cidade, o galhofeiro, o explorador dos abismos da vacuidade humana. Descarta o privilégio desta ou daquela posição-limite que, ao não considerar o oposto elementar, emperra o discurso da compreensão e alimenta polêmicas marcadas pelo equívoco. E assinala como marcas de originalidade no texto machadiano a duplicidade de horizontes assumida pelo narrador, o duplo jogo de presença e distanciamento, a plurivocidade na aparência da voz una.

Tudo isso era novo na literatura brasileira.

De percurso existencial e matéria de memória também é feito *Dom Casmurro*.

A trama é simples. Trata-se de uma história de amor e conflito, centralizada numa família abastada, também no Rio de Janeiro, da segunda metade do século XIX.

Os personagens principais são: Bento Santiago, Bentinho para os íntimos, e Capitu, apelido de Capitolina. O pivô do conflito é Escobar, o amigo. Na comparsaria, núcleos familiares dos protagonistas.

A ação é situada entre 1857, como se lê no capítulo III, e 1890. É tempo de Brasil monárquico, Segundo Reinado.

A narrativa converte-se, ainda uma vez, numa revisão existencial. Bentinho, então o Dr. Bento, com 55 anos, advogado bem-sucedido, rico, solitário e viúvo, Dom Casmurro por alcunha, está farto da monotonia do seu cotidiano e decide escrever um livro. Ele pensa em vários assuntos, inclusive uma *História dos subúrbios*. Acaba decidindo contar a sua própria história, "com o fim evidente de atar as duas pontas da vida e restaurar na velhice a adolescência",[2] como ele mesmo explicita. Ele, que reproduzira no Engenho Novo, bairro do Rio de Janeiro, a antiga casa da rua de Matacavalos, atual rua do Riachuelo, no centro da cidade. Debruça-se nas amuradas envelhecidas de si mesmo e mergulha nas águas da memória, numa desesperada tentativa de resgate de sua própria existência.

O enredo tem como guia mobilizador, semelhante em *Memórias póstumas de Brás Cubas*, o narrador-personagem. Por seu intermédio conhecemos os acontecimentos que o integram. São 163 capítulos que desenvolvem, em termos de ação, quatro grandes sequências: infância e adolescência do

---

[2] ASSIS, Joaquim Maria Machado de. "Dom Casmurro". In: *Obra completa*. Rio de Janeiro: Nova Aguilar, 2008, v.1.

personagem-narrador, então Bentinho, e de Capitu; o tempo de Bentinho no seminário, onde conhece o amigo e confidente Escobar, e de casamento com Capitu; separação, motivada por um suposto envolvimento destes dois últimos; e a solidão do narrador, na vida adulta o Dr. Bento de Albuquerque Santiago. A narração constitui um libelo acusatório contra a ex-esposa.

A tese defendida por esse singular promotor explicita-se no capítulo final: "saber se a Capitu da praia da Glória já estava dentro da de Matacavalos, ou se esta foi mudada naquela por efeito de algum caso incidente" (p. 1072). Essa, para ele, é a questão básica, porém lançada como efeito retórico: na verdade o Dr. Bento não admite a dúvida. Na melhor técnica do discurso jurídico, lança ao corpo de jurados a condução da conclusão: Capitu era visceralmente desonesta. E essa convicção ele já traz definida desde que decidiu contar a sua vida. Não faltam elogios à acusada, que podem até ser sinceros. Se pensarmos, porém, na arte de Machado, ela contribui para a composição do perfil psicológico do personagem, que termina por converter-se num joquete das águas do ciúme, na leitura de Helen Caldwell (Caldwell, 1960). Evidencia-se uma relação intertextual com o *Otelo*, de Shakespeare.

Na mobilização da crise, de novo, o adultério, agora configurado unilateralmente, numa duvidosa infidelidade feminina, deflagradora do desequilíbrio familiar.

A ação, em contrapartida, deixa perceber na personagem feminina central: uma mulher, senhora de sua vontade, lúcida, que, em nenhum momento admite a acusação que lhe é imputada. Menina e moça que orienta os passos do companheiro de infância na difícil decisão entre o amor e o seminário a que o destinara a promessa religiosa de sua genitora, D. Glória. Discute, opina, conduz decisões. Esposa e mãe, vai além do comportamento de uma jovem do seu tempo. Sua vida de exilada na Suíça, após a separação, esvai-se no silêncio do narrador.

Examinado nessa dimensão romanesca, o texto limita-se ao desenvolvimento de uma relação amorosa, sua formação e deterioração. Nesta direção, entretanto, o narrador expõe e avalia. Predomina o comando inexorável do Destino, o grande contrarregra.

Bento Santiago é um homem sofrido, apesar de exibir uma aparente indiferença no final do seu "livro". Sua narração revela sua ruína interna, e do fracasso do seu projeto de vida. A pena de Machado mostra esse estraçalhamento interior.

Da integração da ação e da narração, e do silêncio do texto narrativo, emerge uma mulher fascinante e enigmática. Torna-se núcleo e objeto de uma paixão avassaladora, a de Bentinho, capaz de mobilizar poderosamente a paixão dos leitores do romance. A tal ponto que se incorpora ao imaginário brasileiro.

A propósito de sua figura, tudo se relativiza. O texto do Dr. Bento permite entendê-la como uma jovem independente, firme, determinada, mas o texto abre-se também para compreendê-la, sendo movida pelo interesse de ascender socialmente na vida, ou como "oblíqua e dissimulada", como propõe o personagem José Dias, e o ex-marido assume essa condição em seu libelo. A relativização que marca Capitu, entretanto, é de tal ordem, que ela se converte num enigma para os leitores e para os críticos.

Na verdade, Capitu é duplamente enigmática: de um lado, na visão do narrador; do outro, na caracterização que lhe é conferida pela narrativa.

A narrativa de *Quincas Borba* é conduzida por um narrador onisciente, em terceira pessoa. Centraliza-se muito mais no fundo irracional que ilustra a precariedade e a incerteza do ser humano do que no jogo das causas que movem os personagens.

Rubião, o protagonista, é um ingênuo, vencido pela fatalidade. Um homem que perde. Perde a fortuna, o amor, a razão, na relatividade dilaceradora da existência incompreensível, tônica da visão machadiana. Ao fundo, o adultério: Sofia, a personagem nuclear feminina, caracteriza-se pela disponibilidade para a traição. É uma posição diferente da de Virgília, que assume o relacionamento adulterino. Difere também da visão atribuída a Capitu, na qual prevalece a suspeita do adultério.

De novo a presença do riso amenizador da tensão, acionado basicamente pelo tratamento parodístico que carnavaliza e satiriza o Positivismo de Augusto Comte, como se pode depreender da citada teoria do humanismo, explicitada no capítulo VI do romance, onde o personagem que dá título ao livro se vale, como ilustração, da morte por atropelamento de sua avó. A seguinte passagem, em que ele dialoga com Rubião, dá medida do que se propõe:

> – Humanitas é o princípio. Há nas coisas todas certa substância recôndita e idêntica, um princípio único, universal, eterno, comum, indivisível, e indestrutível –, ou, para usar a linguagem do grande Camões:
> Uma verdade que nas cousas anda,
> Que mora no visibil e no invisíbil.
> – Pois essa substância ou verdade, esse princípio indestrutível é que é Humanitas. Assim lhe chamo porque resume o universo, e o universo é o homem. Vais entendendo?
> – Pouco; mas ainda assim, como é que a morte de sua avó...
> – Não há morte. O encontro de duas expansões, ou a expansão de duas formas, pode determinar a supressão de uma delas; mas, rigorosamente, não há morte, há vida, porque a supressão de uma é a condição de sobrevivência da outra, a destruição não atinge o princípio universal e comum. Daí o caráter conservador e benéfico da guerra. Supõe tu um campo de batalhas e duas tribos famintas. As batatas apenas chegam para alimentar uma das tribos, que assim adquire forças para transpor a montanha e ir à outra vertente, onde há batatas em abundância; mas, se as duas tribos dividirem em paz as batatas do campo, não chegam a nutrir-se suficientemente e morrem de inanição. A paz, nesse caso, é a destruição; a guerra é a conservação. Uma das tribos extermina a outra e recolhe os despojos. Daí a alegria da vitória, os hinos, as aclamações, recompensas públicas e todos os demais efeitos das ações bélicas. Se a guerra não fosse isso, tais demonstrações não chegariam a dar-se, pelo motivo real de que o homem só comemora e ama o que lhe é aprazível ou vantajoso, e pelo motivo racional de que nenhuma pessoa canoniza uma ação que virtualmente a destrói. Ao vencido, ódio ou compaixão; ao vencedor, as batatas.[3]

---

3 ASSIS, Joaquim Maria Machado de. "Quincas Borba". In: *Obra completa*. Rio de Janeiro: Nova Aguilar, v.1, p. 1072.

Relativismo e ambiguidade de comportamento são também as tônicas de *Esaú e Jacó,* um estudo de caracteres, apresentado sob a forma de um divertimento lúdico do autor que, apoiado no próprio fazer do romance, integra espaços míticos, histórico-sociais e do imaginário, com o predomínio do último.

Nesse, como em outros textos machadianos, o narrador, a cada momento, direta ou indiretamente, põe o leitor diante do método de elaboração que preside a feitura da obra. E, frequentemente, outra prática que lhe é comum, convoca o leitor para refletir com ele sobre o antagonismo dos gêmeos Pedro e Paulo, a ambivalência não resolvida de Flora, que são figuras nucleares das tramas, equilíbrio sem emoções do Conselheiro Aires, o mesmo do seu último romance, *Memorial de Aires,* técnica de que está se valendo. Seres humanos debatendo-se nas incertezas das dicotomias, crise vivida por Conselheiro, e por ele contemplada na figura dos demais personagens. Angústias existenciais que se atenuam diante do distanciamento do narrador que, ainda uma vez, assegura um permanente relaxamento de tensão.

Esse distanciar-se suavizador torna-se mais nítido ainda nas reflexões de Aires, o Conselheiro, no citado *Memorial,* romance em que parecem projetar-se traços autobiográficos. Nesta obra também configura a visão desenganada, agora envolvida por certa aceitação, uma resignação menos ácida, pois a vida:

> [...] é assim mesmo, uma repetição de atos e meneios como nas recepções, comidas, visitas e outros folgares; nos trabalhos é a mesma coisa. Os sucessos, por mais que o acaso os teça e devolva, saem muitas vezes iguais no tempo e nas circunstâncias; assim a história, assim o resto.
>
> O que talvez console é a saudade de si mesmo.[4]

O escritor revela-se, por meio das reflexões dos narradores, um erudito e um notável observador do comportamento humano. Só que sua obser-

---

4 ASSIS, Joaquim Maria Machado de. "Memorial de Aires". In: *Obra completa.* Rio de Janeiro: Nova Aguilar, 2008. v. 1. p. 1287.

vação banaliza, conscientemente, o pensamento dito profundo, porque os aproxima dos fatos do cotidiano.

Tal relativização abriga, com raras exceções, a faceta negativa. Entre elas a superposição do *parecer* em relação ao *ser* como garantia do *sobreviver*, com o reconhecimento à necessidade do bem material como forma de bem estar no mundo.

Esse aspecto, muito bem acentuado por Alfredo Bosi, é outra das fortes marcas da prosa ficcional de Machado e também presentifica-se nos contos do autor.

Ao evidenciar esse posicionamento, associo-me ainda às observações do crítico. Machado não referenda, denuncia, embora não acuse diretamente. Essa é a atitude que se mantém diante de outras transgressões ou escoriações que firam o *socialmente* estabelecido ou esperado pela moral convencional.

Em tais termos, trata ainda do autoritarismo das imposições sociais como determinador do comportamento dos indivíduos. Isso se configura claramente em "Teoria do medalhão", "O espelho", "O segredo do bonzo"; "O anel de Polícrates". Vincula-se, por outro lado, à veleidade, em "D. Benedita" e em "Verba testamentária". Liga-se a sátira aos costumes políticos em "A sereníssima república". Alia-se ao cientificismo em "O alienista", todos integrantes de *Papéis avulsos*. Aparece no retrato psicológico de "Uma senhora", de *Histórias sem data*. Associa-se ao poder corruptor da riqueza e ao requinte de crueldade em "Conto de escola" e em "O enfermeiro", textos de *Várias histórias*. De certa maneira, está presente, relacionado com o jogo da relatividade entre a verdade e a mentira em "Noite almirante", de *Histórias sem data* e com a máscara do ser humano relativizado pelo Bem e o Mal em "A igreja do diabo" também deste último livro.

O adultério é objeto de "A senhora do Galvão", também de *Histórias sem data*; aparece em "A cartomante", de *Várias histórias"*; e, veladamente, em "A causa secreta", ainda da mesma obra, além de juntar-se ao disfarce entre sonho e realidade na sensualidade de "Uns braços", de *Histórias sem data* e à sutileza dos meandros da sedução em "Missa do Galo", de *Páginas recolhidas*.

A ânsia de perfeição é tratada em "Trio em lá menor", de *Várias histórias* e também no citado" D. Benedita"; associa-se à impotência criadora em "Um homem célebre", do mesmo livro, e em "Cantiga de esponsais", de *Histórias sem data*.

O interesse pessoal sobreposto ao compromisso moral revela-se em "Evolução", de *Relíquias de casa velha*, onde se alia, amenamente, à vaidade individual; figura em "Pai contra mãe", desse mesmo volume, e em "O caso da vara", de *Páginas recolhidas*. Nestes dois últimos vinculado a aspectos da escravidão do negro.

A sátira ao poder da Ciência e o relativismo dos caminhos da verdade transparecem no "Conto alexandrino", de *Histórias sem data*. Nem faltam considerações sobre a arte de escrever em "O cônego ou a metafísica do estilo" de *Várias histórias*, e em "O dicionário", de *Páginas recolhidas*.

Machado de Assis escreveu mais de duzentos textos do gênero, entre 1858 e 1907, a maioria objeto de divulgação em periódicos: *Jornal das Famílias*, *A Estação* e *Gazeta de Notícias*. O rigor do artista da palavra selecionou apenas 76 para publicação nos sete livros em que os reuniu a partir, ao que parece, da acolhida do público. Os exemplos citados fazem parte desses volumes. Acredito que constituam uma amostragem representativa.

Coube ainda a Machado de Assis a sedimentação pioneira da crônica, gênero que ganharia forte presença e especificidade na literatura brasileira. Ele traz para essa modalidade de texto, desde os inícios de sua presença na imprensa fluminense, a apreciação das graves questões presentes na sociedade do seu tempo. Assume o rigor da crítica para além do leve comentário dos fatos diversos do cotidiano, em textos caracterizados por uma linguagem de fácil comunicação e mobilizadora de credibilidade, perpassados de humor e ironia.

Sua obra ficcional é de tal natureza que continua a desafiar e a dividir os especialistas. Até porque ultrapassa os modismos e os limites das rotulações. Seus romances não permitem uma classificação em bloco. O texto machadiano é desvinculado de compromisso explícito com as tendências do complexo estilístico pós-romântico.

O relativismo, marca relevante de suas histórias e personagens, o afasta desde logo das dicotomias caracterizadoras dos textos românticos e da perspectiva determinista de realistas e naturalistas. Ele aproveita elementos desses estilos epocais como se vale dos clássicos e de procedimentos impressionistas. Um impressionismo à Machado de Assis.

Bentinho e Capitu, por exemplo, estão longe de ser personagens rigorosamente em luta contra as forças do determinismo atávico, biológico e social, como acontece em *O crime do Padre Amaro*, de Eça de Queirós, ou em *O Missionário*, do brasileiro Inglês de Sousa. Mesmo o retrato psicológico que os configura é complexo.

Machado retoma e revitaliza a utilização da matéria de memória, presente no pioneiro *Memórias de um Sargento de Milícias*, de Manuel Antônio de Almeida, romance de 1852-53 e que terá continuidade na ficção brasileira, presentificado, entre outros, em *Memórias sentimentais de João Miramar*, (1924); em *São Bernardo* (1934), de Graciliano Ramos; e em *Grande Sertão: Veredas* (1956), de João Guimarães Rosa.

A obra machadiana, por outro lado, não é um espelho explícito do Brasil em que vive: é fruto do que ele pensa sobre a realidade e não do que observa nesta realidade.

E mais: se, por um lado, dão continuidade a certos procedimentos da tradição narrativa brasileira, por outro, seus textos se convertem numa ruptura com essa mesma tradição e inserem-se, antecipadores, na ficção moderna.

Machado assume o centramento na hipertrofia da problematização da existência. Os romances da chamada maturidade e os contos de *Papéis avulsos* e os poemas de *Ocidentais* deixam claro esse aspecto.

A Arte Moderna privilegia o jogo, a atividade lúdica. Machado joga com o conteúdo, por intermédio da paródia, no sentido bakhtiniano do termo, e, consequentemente, do humor, por meio do qual fratura-se a visão tragicizante da vida. E joga com a forma, acrescentando novos procedimentos aos modelos realistas da construção narrativa.

Em sua obra também evidencia-se a agudização do conflito entre arte e civilização, tão presente na vocação surrealista da modernidade, entendido o surrealismo como uma atitude que superpõe a realidade pensada à realidade vivida. Instaura-se a autonomia do imaginário. Surrealista é a loucura de Quincas Borba, a condição defunta e o delírio de Brás Cubas, por exemplo.

Os diálogos intertextuais assumidos, as reflexões críticas do narrador sobre seu próprio discurso, entre outros traços, completam a vinculação.

Quanto à narrativa curta, o conto presentifica-se em pequena escala em alguns escritores do Brasil de seu tempo. É Machado quem sedimenta a sua configuração no processo literário brasileiro. À época em que se dedica mais intensamente ao gênero marca, na cultura ocidental, como assinala John Gledson (Gledson, 2007), a emergência de um novo tipo de respeitabilidade para essa manifestação literária que ganha identidade, agora entendido como capaz de uma estruturação apropriada em princípios singularizadores.

A sedimentação estende-se aos espaços da crônica.

Seu teatro, ainda que de pequena volumetria, desponta como o mais significativo de sua época.

As reflexões do ensaísta são carregadas de equilíbrio e de atualidade.

Ele redimensiona a linguagem da ficção brasileira. Amplia os horizontes da polissemia que caracteriza os textos realmente representativos da arte literária.

Em seus contos e romances configuram-se ainda a desmitificação da aura, a construção gradativa dos personagens, a valorização dos seus estados mentais mais do que da ação e da trama, o permanente exercício da metalinguagem, a assunção explicitada de influências, a prática da narração como um processo de autorrevisão, o estímulo ao leitor na "participação" da obra.

Por todas essas características, a produção literária de Joaquim Maria Machado de Assis assume relevância na dinâmica do processo literário brasileiro.

E tudo isso se faz numa obra de arte altamente polissêmica. Na palavra do autor: "Sem descuido, nem artifício: arte."

Por força dessas e de outras características, seus textos abrem-se à múltipla e variada gama de olhares que se tem debruçado sobre ela ao longo do tempo. Como ocorre nas *Conversaciones literarias*, organizadas pela Prof.ª Dr.ª Ascensión Rivas Hernández, volume que registra as *ponencias* do seminário do mesmo nome, centrado na obra machadiana e promovido pelo Centro de Estudios Brasileños da Universidade de Salamanca. À frente está o Prof. Dr. Gonzalo Gómez Dacal, e a Academia Brasileira de Letras, então presidida pelo Acadêmico e ex-ministro Marcos Vinicios Vilaça.

REFERÊNCIAS BIBLIOGRÁFICAS

Bosi, A. *Brás Cubas em três versões:* estudos machadianos. São Paulo: Companhia das Letras, 2006.

Caldwell, H. *The Brazilian Othelo of Machado de Assis. A study of "Dom Casmurro"*. Califórnia: University of California Press, 1960.

_____. "A máscara e a fenda". In: BOSI, A. et al. *Machado de Assis*. São Paulo: Ática, 1982.

Gledson, J. Seleção *50 contos de Machado de Assis*. São Paulo: Companhia das Letras, 2007.

_____. *Dom Casmurro*. In: *Obra completa*. Rio de Janeiro: Nova Aguilar, 2008, v. 1.

Machado de Assis, J. M. *Memorial de Aires*. In: *Obra completa*. Rio de Janeiro: Nova Aguilar, 2008, v. 1.

_____. *Memórias póstumas de Brás Cubas*. In: *Obra completa*. Rio de Janeiro: Nova Aguilar, 2008, v. 1.

_____. *Quincas Borba*. In: *Obra completa*. Rio de Janeiro: Nova Aguilar, 2008, v. 1.

Diálogos machadianos

Ana Maria Machado

Em março de 1873, num artigo intitulado *Notícia da atual literatura brasileira: instinto de nacionalidade*, Machado de Assis refuta que baste uma paisagem tropical, personagens nativos ou um assunto local para que se defina uma nacionalidade literária brasileira. Defende que o que importa para que ela exista num escritor é o que chama de "um sentimento íntimo que o torne homem de seu tempo e de seu país". Ao examinar mais de perto o que caracterizaria esse sentimento, um dos elementos que destaca é a língua. Com equilíbrio, recomenda a leitura atenta dos clássicos, capaz de "desentranhar deles mil riquezas" mas reconhece que:

> as línguas se aumentam e se alteram com o tempo e as necessidades dos usos e costumes. Querer que a nossa pare no século de quinhentos é erro igual ao de afirmar que a sua transplantação para a América não lhe inseriu riquezas novas. A esse respeito, a influência do povo é decisiva. Há, portanto, certos modos de dizer, locuções novas, que de força entram no domínio do estilo e ganham direitos de cidade.

O conceito que permite a um escritor incorporar a contribuição popular da língua falada era original. Essa sensibilidade não era comum na sua época. Talvez esteja aí um dos segredos da força e fluência dos diálogos em Machado de Assis – isto é, do primeiro e mais imediato nível do que se pode chamar diálogo, aquilo que dizem seus personagens uns aos outros.

Criados por um autor que tinha esse ouvido aberto para a fala popular, mas também a paralela consciência dos limites desejáveis dessa influência, e que, além disso, possuía larga experiência no teatro (como autor e espectador atento), não é de admirar que quando suas criaturas conversam o leitor se sinta tão próximo a elas. Renard Perez assinala que, muito embora seja a parte menos significativa de sua obra, o teatro inegavelmente deu a Machado "um certo desembaraço de estilo".[1] Esse desembaraço se reflete de modo mais evidente na fluência com que seus personagens conversam entre si. São diálogos vivos, sem empolgação nem solenidade desnecessária, adequados à situações e às vozes de quem fala. Permitem-se vários recursos da oralidade, como repetições, omissões, truncamentos, frases entrecortadas e, com isso, conseguem trazer verossimilhança à cena, incorporar emoção à narrativa, colaborar para definir a psicologia dos falantes.

Aliás, Ruggero Jacobi identifica reflexos da vocação teatral de Machado em vários aspectos de sua obra, como na entrada e saída dos personagens, na maneira pela qual eles se apresentam (em alguns contos chegam a dispensar o narrador) e no papel dos diálogos em toda a sua ficção, "cheia de situações resolvidas diretamente pelo diálogo; e este diálogo é um dos mais brilhantes, dos mais dinâmicos, dos mais cheios de nuanças irônicas e do sentido vivo da realidade que se possa conhecer na literatura".[2]

Machado de Assis foi, sim, um mestre dos diálogos. Os novos e os velhos. Alguns tão velhos quanto o do Capítulo LV de *Memórias póstumas de Brás Cubas*, justamente intitulado *O velho diálogo de Adão e Eva*. Apesar do título, trata-se de um diálogo novo e inaugural entre os personagens Brás e Virgília, devidamente identificados por entradas com seus nomes – como se se tratasse de uma peça teatral. Um diálogo tão novo que até hoje, mais de um século depois, ainda não pode ser lido em voz alta. Pode apenas ser lido nas páginas do livro, silenciosamente.

Ou, no máximo, podemos tentar descrevê-lo. Fala primeiro Brás Cubas. O que diz está no livro como uma linha inteira pontilhada, encerrada por um ponto de interrogação. Responde-lhe Virgília com uma linha pon-

---

[1] Em *Machado de Assis:* obra completa. Rio de Janeiro: Nova Aguilar, 1997, v. 1.
[2] Ruggero, Jacobi. *O espectador apaixonado*. Porto Alegre: Editora da URGS, 1962, citado por João Roberto Faria, "Machado de Assis e o teatro". In: *Revista Brasileira*, fase VII, ano XIV, n. 55. Rio de Janeiro: Academia Brasileira de Letras, 2008.

tilhada, mais curta, sem ponto de interrogação. Ele então lhe fala por duas linhas inteiras, sem ponto de interrogação e ela responde por uma linha feita de pontos, com ponto de exclamação ao final. Ele retruca em meia linha de pontinhos. Ela se expande em sua resposta toda de pontos, entrecortada por um sinal de pergunta, um espacinho, e mais linha e meia pontilhada. E assim prossegue todo o capítulo em que reticências, pontos finais, pontos de interrogação e de exclamação se alternam, de forma eloquente.

Apesar de não incluir uma única palavra, dá para todo e qualquer leitor entender o que dizem. Aliás, esse leitor é necessário. O autor conta com ele. Mais que isso, o inventa à medida que escreve. Porque, como tem apontado a crítica, no fundo esse leitor é também um personagem de Machado de Assis, mais uma de suas criaturas. Para que isso possa acontecer, estabelece-se mais um grande e fascinante diálogo de sua obra: o que Machado mantém permanentemente com quem o lê. Graças a esse sofisticado processo narrativo, o autor se dedica a tecer com paciência o leitor que quer e necessita. Ele é construído, pouco a pouco, mas com maestria exemplar, ao longo de todo o texto machadiano. Dessa forma, se estabelece um pacto entre criador e criatura, entre autor e leitor, e este vai compreendendo que, se não aceitar esse pacto, não mergulhará realmente no livro, mas se limitará a ficar na superfície tentando acompanhar o enredo, como se o romance a ele pudesse ser reduzido. Ou seja, "se não cooperar com o autor, jamais entenderá aonde ele quer chegar" – como diz Marta de Senna a propósito de Sterne, estendendo em seguida a observação para Machado de Assis.[3]

Essa pode ser uma atitude autoral moderna, aberta, generosa, como querem alguns. Pode, por outro lado, ser um movimento sedutor e aliciador, quase marqueteiro, de quem publicava seus romances em capítulos, sob a forma de folhetins, em jornais ou em revistas femininas e tratava de garantir a adesão do público. Pode também ser apenas uma "técnica da perene desconversa"[4] como afirma José Paulo Paes sobre esse recurso formal,

---

3   SENNA, Marta de. *O olhar oblíquo do bruxo:* ensaios em torno de Machado de Assis. Rio de Janeiro: Nova Fronteira, 1998.
4   PAES, José Paulo. "A Armadilha de Narciso". In: *Gregos e baianos*. São Paulo: Brasiliense, 1985.

referindo-se a Sterne antes de focalizar seu olhar crítico sobre Machado. Ou ainda, quem sabe?, pode ser pura retórica, um procedimento de estilo para reforçar a energia mimética do texto, como insinua José Guilherme Merquior.[5] Ou pode nascer de uma atitude autoral despótica, tirânica, como sustentam outros.

"Tanto a benevolência quanto a crueldade transparecem na relação do autor com o leitor", frisa Sergio Paulo Rouanet.[6]

A intenção importa pouco, o que conta é o efeito. O fundamental é que, ao se arriscar a confiar e apostar que o leitor vai acreditar nessa aparente reciprocidade criativa, seja ela ilusória ou não, Machado de Assis consegue incorporar quem lê a seu texto. Dessa forma, passa a fazer desse leitor um personagem, uma parte integrante de seu livro, indispensável ao efeito estético do todo.

De qualquer modo, quaisquer que sejam os adjetivos com que a crítica classifique esse processo autoral, o resultado é inegável: um leitor construído, fruto de um diálogo que estabelece um pacto, o qual ao mesmo tempo pressupõe sua existência e tece seu papel cuidadosamente.

Para obter isso, a elaboração dos romances e contos opera por meio de estratégias textuais e de técnicas de narração singulares, capazes de agir sobre a própria obra e modificar sensivelmente a natureza da escritura – como examinou Umberto Eco ao analisar a cooperação interpretativa nos textos narrativos.[7] Eco mostra como o autor prevê seu leitor ideal ou modelar, como o faz prefigurar mundos possíveis, como puxa e cruza os fios de seu repertório de referências, como elabora uma rede de relações de acessibilidade para que a escrita e a leitura se deem numa dinâmica dupla, de modo a que esse leitor se mova em seu texto e que seu texto se movimente na construção desse leitor. No entanto, tal operação não precisa ser estridente e óbvia. Não é necessário abrir o jogo. Basta que esse jogo siga as regras latentes

---

5   Merquior, José Guilherme. Gênero e estilo nas "Memórias póstumas de Brás Cubas". In: Revista Coloquio/Letras, n. 8, julho 1972.
6   Rouanet, Sergio Paulo. *Riso e melancolia*. São Paulo: Companhia das Letras, 2007.
7   Eco, Umberto. *Lector in fabula*. Milano: Bompiani, 1979.

e se desenrole por meio de um contrato não explicitado mas consistente. Nem por isso, menos nítido.

Pois é justamente esse o diálogo fundamental de Machado de Assis: uma interrelação com o leitor. Não um leitor qualquer, pescado a esmo, ao sabor do caso. Mas aquela criatura que seu texto constrói, paulatinamente, mas com firmeza. Aquele personagem invisível ao qual o autor lança olhares oblíquos e insinuações esquivas, enquanto com ele dialoga de mansinho, assim como quem não quer nada e a quem aparentemente estaria apenas contando uma história entremeada de digressões reflexivas. Mas alguém inteligente, a quem homenageia com o reconhecimento de um intelecto irmão, cuja cumplicidade é essencial.

Dialogando com esse espírito à sua espera do lado de cá da página, o romancista já experimentara, dois capítulos antes desse que eu citei, substituir o título do capítulo LIII por uma linha pontilhada. Da mesma forma, no capítulo CXXXIX do mesmo livro, logo após a frase final do capítulo anterior, "A um crítico" ("Valha-me Deus! É preciso explicar tudo."), sob o título "De como não fui Ministro d'Estado", o texto total é substituído por pontos. E, em seguida, o CXL, chama-se "Que explica o anterior" e começa por afirmar: "Há coisas que se dizem melhor calando."

Esse diálogo cheio de insinuações de Machado de Assis com seus leitores, sem dúvida, é um dos traços mais característicos de seu estilo, algo que o distingue de imediato como uma marca registrada. Uma conversinha que puxa para dentro o lado exterior do livro, e faz parte dos seus encantos.

Não foi ele, no entanto, o único autor a fazer isso, nem o primeiro. Podemos dizer que esse diálogo de Machado de Assis com o leitor faz parte intrínseca também do diálogo de Machado de Assis com outros autores, como uma caixinha chinesa dentro de outra. Para apreciá-lo plenamente, é preciso ter em mente o conjunto.

O próprio escritor, no início de *Memórias póstumas de Brás Cubas*, e no prólogo da terceira edição do mesmo livro, fez questão de render justiça aos mais evidentes deles: o inglês Laurence Sterne, o francês Xavier de Maistre, o português Almeida Garret. Essas afinidades já foram assinaladas por vários críticos, sendo o mais recente deles Sergio Paulo Rouanet, que em obra definitiva aprofunda-se nesse exame e acrescenta a essa lista o nome de Denis Diderot, que o escritor brasileiro também conhecia muito bem. Em sua admirável análise dessa linhagem literária, Rouanet vai além de um levantamento de confluências ou influências de conteúdo e esmiúça a forma de escrever, que ele chama de forma shandiana, fazendo referência a *Tristam Shandy*, a novela de Sterne. Mostra como essa forma livre, difusa e solta serviu às mil maravilhas para um tipo de humor muito especial, característico de todos esses autores em maior ou menor medida, tecido pela interpenetração do riso e do pessimismo, a tal "escrita feita com a pena da galhofa e a tinta da melancolia" a que se referia o romancista brasileiro.

Nessas veredas, o crítico seguiu indicações do próprio Machado, que não apenas chamou a atenção para o modelo mas permitiu que de seu texto mesmo se extraísse quase que uma teoria dessas estratégias narrativas, dando os elementos que definem esse mecanismo de escrita. Dessa forma, contribuiu para lançar luz sobre seus precursores e reorientar a leitura posterior dos autores que o precederam e com quem dialogou.

Nesse sentido, podemos dizer que o exemplo do *Velho diálogo de Adão e Eva*, a que aludi há pouco, dialoga também com esses outros autores. Como aliás, todo o *Memórias póstumas de Brás Cubas*. Para ficarmos apenas nos elementos mais superficiais e visíveis, basta lembrar certas liberdades gráficas. Xavier de Maistres também tem um capítulo inteiro feito de linhas pontilhadas, Almeida Garret multiplica linhas desse tipo em *Viagens na minha terra*. E Lawrence Sterne promoveu um festival de excentricidades nessa área. *Tristam Shandy* tem trechos formados por linhas de asteriscos, ou de segmentos contínuos de retas, como se fossem travessões ou hífens grudados uns nos outros, ocupando a página toda. Apresenta também linhas constituídas por tracejados com intervalos, por vezes entrecortados por algumas palavras, páginas em branco, páginas em negro, linhas de caprichosos desenhos caligráficos em manuscritos que não chegam a formar palavras. Usa chaves, colchetes, listas em colunas, caixa alta pelo meio do texto, citações de poemas e de prosa, em vernáculo e línguas estrangeiras e até em mistura de línguas.

O diálogo com o leitor, além disso, faz parte desse repertório de estratégias gerais do que Rouanet chamou de "forma shandiana". Tal forma caracteriza-se pela subjetividade hipertrofiada, pela digressividade e pela fragmentação, pela maneira arbitrária e subjetiva de tratar o tempo e o espaço. Por meio desses recursos, Machado de Assis se movimenta num espaço desconstruído, subjetivado, interiorizado, e cria um tempo cheio de lacunas, anacronismos, intromissões, retardamentos, acelerações, toda uma flutuação cronológica conseguida por meio de artifícios que ajudam a construir uma temporalidade cruzada, pela incorporação de procedimentos que dão a primazia ao tempo narrativo e não ao tempo histórico, que fica muito atenuado pela desorganização da ação.

Tal estratégia, porém, para funcionar plenamente, necessita que o leitor complete a narrativa. Com os elementos que o narrador lhe fornece, evidentemente. Ainda que se contradigam e pareçam confusos – seja porque a memória falha, seja porque quem conta se confunde. Mas quem conta é contado por alguém, o autor por detrás do narrador. Um deles nos lembra, em convite de fina ironia, no texto de *Dom Casmurro*: [8]

> Nada se emenda bem nos livros confusos, mas tudo se pode meter nos livros omissos. Eu, quando leio algum desta outra casta, não me aflijo nunca. O que faço, em chegando ao fim, é cerrar os olhos e evocar todas as cousas que não achei nele. Quantas ideias finas me acodem então! Que de reflexões profundas! [...] É que tudo se acha fora de um livro falho, leitor amigo. Assim preencho as lacunas alheias; assim também podes preencher as minhas.

Além desse diálogo para o qual nós, leitores, somos insistentemente convocados e minuciosamente instruídos, há ainda outra modalidade de diálogo machadiano que eu também gostaria de comentar. É o que o autor estabelece com outros autores, como parte de um fenômeno fundamental da literatura, que já foi estudado muitas vezes como manifestação de fontes ou

---

8   Capítulo LIX, *Convivas de boa memória*.

matrizes ou como influência de paradigmas clássicos. Uma visão mais contemporânea prefere ver isso como formas de intertextualidade e constatar que Virginia Woolf tinha razão ao afirmar que os livros sempre continuam uns com os outros, mesmo quando insistimos em considerá-los de forma separada. Igualmente tinha razão o crítico francês Roland Barthes ao lembrar que um texto também é capaz de criar seus próprios precursores ou dialogar com obras de autores cuja existência mútua era insuspeitada. Tal diálogo nasce e se exerce no terreno constituído a partir das experiências leitoras de cada um, "pela impossibilidade de se viver fora do texto infinito, já que o livro faz o sentido, e o sentido faz a vida".[9]

Pois Machado de Assis foi também um mestre absoluto nesse diálogo entre textos, nessa intertextualidade fundamental e hoje reconhecida como desde sempre inerente a toda literatura. E o fazia de forma consciente, já que estava convencido de:

> que a evolução natural das coisas modifique as feições, a parte externa, ninguém jamais o negará; mas há alguma coisa que liga, através dos séculos, Homero e Lord Byron, alguma coisa inalterável, universal e comum, que fala a todos os homens e a todos os tempos.[10]

Para ele, portanto, era natural dialogar com o cânone literário. Como assinala com acuidade José Guilherme Merquior, "foi com Machado que a literatura brasileira entrou em diálogo com as vozes decisivas da literatura ocidental."

Nesse quadro, além dos autores já mencionados e confessos, seus textos se entrecruzam com a Bíblia o tempo todo, com os gregos (especialmente Homero, Ésquilo, Xenofonte), com Dante, Shakespeare, Erasmo, com Goethe, Schopenhauer, Stendhal, Defoe, Swift, Edgar Alan Poe e tantos outros.

---

9 BARTHES, Roland. *Le Plaisir du texte*. Paris: Editions du Seuil, 1973.
10 Citado por Afrânio Coutinho. *Machado de Assis:* obra completa. Rio de Janeiro: Nova Aguilar, 1997, v. 1.

Diverte-se nesses diálogos, de modo evidente, ora dando piscadelas ao leitor, ora lhe lançando falsas pistas.

Em *Dom Casmurro*, por exemplo, ao dialogar com Shakespeare, finge que está concentrado numa das peças, envolto numa interlocução com *Otelo*, a tragédia do ciúme. Mas de repente percebemos que, no fundo, está muito mais próximo é de *Hamlet*, a tragédia da dúvida, da hesitação e da loucura, desde Ofélia aos delírios – como bem desenvolveu Marta de Senna a partir de uma sugestão seminal de Helder Macedo,[11] ao afirmar que o problema fundamental que Machado levanta em *Dom Casmurro* é o da escolha.

Ser ou não ser, perguntava-se o príncipe da Dinamarca. Os leitores do romance de Machado até hoje discutem acirradamente a respeito de Capitu, se será ou não culpada, e encontram fortes argumentos insinuados para corroborar ambas as hipóteses. Oscilam entre eles. Até o momento em que descobrem que não é isso o que importa, mas sim a rede verbal que tudo sustenta.

Para montar essa teia que continua enredando, enovelando e prendendo os leitores de *Dom Casmurro*, por exemplo, Machado de Assis distribui sinais abundantes de que está às voltas com Otelo – e é verdade, está mesmo, mas não tanto quanto quer fazer crer. Chega a citá-lo, faz os personagens de seu romance irem ao teatro quando a peça de Shakespeare está sendo encenada, menciona o nome do espetáculo no título de um dos capítulos, refere-se no texto à inocência de Desdêmona (enquanto acusa Capitu).

Mas vale lembrar a opinião de mais de um crítico inglês sobre a peça do príncipe da Dinamarca: se Otelo estivesse no lugar de Hamlet não haveria tragédia, pois antes de terminar o primeiro ato ele já teria transpassado Cláudio com sua espada.[12] Afinal, Otelo é um militar, um homem treinado para agir sem hesitações e resolver tudo de uma vez, rapidamente. Aliás, uma montagem dessa tragédia, no início dos anos 1970, pela Royal Shakespeare Company em Londres, ao deslocar a ação para o século XIX deixa evidente essa leitura. Com os novos figurinos, guerreiros renascentistas passam a ser soldados e suas patentes tornam-se nítidas. Iago é um sargento intri-

---

11 "Machado de Assis entre o lusco e o fusco", *apud* Marta de Senna.
12 Tanto Northrop Frye quanto A.C. Bradley, citados por Marta de Senna, op. cit.

gante junto aos oficiais, Otelo é o general que comanda e não pode admitir que a hierarquia seja trincada, e assim por diante.

Com essa observação em mente, podemos também sugerir que em *Dom Casmurro* temos a situação inversa: Hamlet no lugar de Otelo. O princípio da dúvida permanente, paralisante, impedindo a ação. Não é necessário, porém, que haja nenhum Iago para fazer o papel do intrigante e caluniador, deflagrador da tragédia, porque Bentinho é seu próprio Iago, seu Santo Iago, Bento Santiago já anunciado em seu nome, e desempenha essa função com brilho, multiplicando insinuações e acusações, tanto dirigidas a convencer a si mesmo quanto ao leitor. Intriga e hesitação convivem num mesmo e duplo personagem vacilante, em permanente diálogo consigo mesmo.

Acrescente-se a isso um outro aspecto significativo e importante: não se trata de um personagem duplo qualquer mas daquele que desempenha o duplo papel de protagonista e narrador. Um está sob as luzes, chamando a atenção da plateia; outro na sombra, sem aparecer jamais mas sempre presente. Diante dessa constatação, imediatamente nos damos conta de quanto devemos estar atentos para ver quem fala pela voz de Bentinho.

Pode ser o Otelo enciumado, sujeito a surtos de violência (ainda que por vezes imaginária). Um homem que considera o suicídio, que chega ao ponto de quase tentar o infanticídio e que, quando vê Capitu rir e falar alto ou olhar para um rapaz que passa a cavalo, afirma:

"A vontade que me dava era cravar-lhe as unhas no pescoço, enterrá-las bem, até ver-lhe sair a vida com o sangue..."

Pode também ser o Hamlet hesitante, incapaz de enfrentar a mãe, de tomar uma decisão, de firmar sua vontade, de definir sua vida, de chegar a uma conclusão sobre suas hipóteses e dúvidas.

Mas pode também ser o Iago narrador, ao pé do ouvido do leitor, a fazer insinuações malévolas, sugerir pecados alheios, levantar interpretações descabidas ou tecer intrigas e distorcer fatos em versões levianas e malignas.

Os três se sucedem e se intercalam. Mas só sabemos disso porque ao diálogo entre eles se superpõe, a escapar pelas frestas e interstícios do texto, o diálogo maior: aquele que o autor estabelece com o leitor, uma ponte de palavras que nos capacita a acompanhar as diversas faces desse personagem mais que ambíguo – fragmentado, partido, dissociado de si mesmo.

É esse autor, Machado de Assis, no soberbo diálogo mantido conosco, que nos permite perceber a lenta e crescente loucura do narrador-protagonista por baixo da aparente lucidez de seu discurso. Um dos inequívocos sinais da genialidade do escritor é a maneira pela qual consegue bordar esse processo, em primoroso lavor pelo avesso e pelo direito, com a linha da ambiguidade sobre o tecido da segurança narrativa, construindo a história enquanto desconstrói sutilmente o narrador.

Outro aspecto da magia machadiana a revelar novos diálogos está em sua capacidade de fazer aflorar em sua obra elementos de conversações mantidas pelo autor consigo mesmo. Em vários momentos, faz um texto responder a outro e surpreende o leitor quando o provoca a esbarrar naquilo que já é conhecido de outras leituras dele próprio, mas que se reitera de modo inesperado ali, naquela história. Tal efeito não se dá apenas por certas constantes autorais, como acontece com todo romancista de obra razoavelmente vasta. E nem mesmo por fazer reaparecer um personagem de um livro em outro, como é o caso de Quincas Borba – que o leitor encontra em *Memórias póstumas de Brás Cubas* e depois tem um livro inteiro para si. Ou, ambiguamente, não se sabe ao certo, para seu cachorro que lhe herda o nome e garante a herança da fortuna para Rubião. (Afinal, o filósofo Quincas Borba não chega a ser personagem do romance *Quincas Borba*.) É também o que ocorre com o Conselheiro Aires, que depois de termos encontrado em *Esaú e Jacó* ressurge como o narrador em primeira pessoa de *Memorial de Aires*.

No diálogo consigo mesmo, Machado de Assis toma linhas-mestras de assuntos que o atraem e vai fundo neles, romance após romance, mirando-os de ângulos diversos. Olha de perto, de longe, revira pelo avesso, deixa descansar, retoma sob outra luz. Por vezes, parece até que está quase cientificamente colhendo hipóteses e as examinando.

Um desses temas, por exemplo, é a vontade de ascensão social. Lucia Miguel Pereira mostrou como o romancista foi aos poucos elaborando explicações e justificativas para o comportamento de personagens femininos calculistas, com sua teoria de que "a segunda natureza é tão legítima e imperiosa quanto a primeira".[13] Da compreensão íntima que tinha para com elas, evoluindo para a complacência, o autor passa a mão na cabeça de tais personagens em *A mão e a luva* e em *Iaiá Garcia*, por exemplo. Também em vários contos, tal atitude está presente, como mostrou. Nas palavras de Alfredo Bosi, que estudou com muita precisão esse aspecto:

> A tática e seu acerto prático serão objeto de discreta apologia do narrador, que neles vê a vigência da segunda natureza, a instância do social, estilizada mais tarde na alma exterior do conto *O espelho*.

E num romance como *Quincas Borba*, personagens como Sofia e Cristiano Palha se valem da energia dessa ambição para explorar a riqueza de Rubião – e uma ascensão se faz às custas da outra.

Como na época em que Machado de Assis viveu, a possibilidade de ascensão social feminina estava muito vinculada ao casamento, os dois temas se ligam. E se entrelaçam com outro tema, o do adultério, examinado sob a forma de variantes diversas – ora francamente consumado (como em *Memórias póstumas*), ora prometido e negado em jogo de sedução que oculta uma estratégia de subir na vida (como em *Quincas Borba*), ora insinuado e deixado entre dúvidas para que o leitor resolva (como em *Dom Casmurro*). Sem esquecer várias outras gradações presentes no conjunto dos contos, como "A mulher de preto", "Uns braços", "Missa do Galo" ou "Confissões de uma viúva moça".

Outro tema a que Machado de Assis deu muita atenção e que examinou de perto foi o da loucura. Nesse exame construiu um rico diálogo entre alguns de seus romances e contos.

O espaço entre realidade e delírio é focalizado de ângulos diversos e pontos de vista variados. Muitas vezes, parece que o autor está apenas veri-

---

13 Machado de Assis. *Estudo crítico e biográfico*. 3. ed. Rio de Janeiro: José Olympio, 1955. *Apud* Alfredo Bosi. *Machado de Assis. O enigma do olhar*. São Paulo: Ática, 2000.

ficando o jogo de contradições entre o revelar e o ocultar, olhando de perto como se processam os mecanismos que constroem o domínio das aparências – como ocorre em contos como "Teoria do medalhão". Mas um olhar atento como o de Alfredo Bosi logo detecta que existe um parentesco entre essa meta de "plenitude do vazio interior" evocada pela história e a "teoria da normalidade" de Simão Bacamarte, o psiquiatra, alienista da novela do mesmo nome, que pouco a pouco vai diagnosticando miragens, alucinações e loucura em todos os personagens da cidade e os faz trancar no hospício da Casa Verde, até que ele mesmo se reconhece como insano e se muda para lá.

Não há como ignorar que essa associação feita por Bosi, da insanidade com a tal "plenitude do vazio interior", tem também muito a ver com o que afirma Bento Santiago de si mesmo, logo no início de *Dom Casmurro* – como quem faz questão de anunciar que a noção de demência deve ser incorporada à leitura de sua narrativa. Nas palavras de Bentinho na maturidade, quando o narrador contempla o passado e a tentativa de recriá-lo: "Se só me faltassem os outros, vá; um homem consola-se mais ou menos das pessoas que perde; mais falto eu mesmo, e esta lacuna é tudo."[14]

Trata-se exatamente da mesma ideia – a da plenitude do vazio interior oculto nas dobras da normalidade, de que fala Alfredo Bosi a respeito do alienista e do medalhão. Uma hipertrofia da face externa, da superfície, da verossimilhança, que se consolida numa visão ilusória tão exacerbada que não consegue ou se recusa a tirar a máscara. E mostra sempre aos outros a aparência que deseja, não a essência que sob ela se encerra. *Dom Casmurro* é um excelente exemplo de como se desenrola esse mecanismo. Em grande parte seu magnífico funcionamento narrativo é obtido graças ao extraordinário recurso de afirmar e repetir o contrário do que se faz, por meio de um narrador que se ocupa obsessivamente em descrever a casca enquanto reitera estar buscando a fruta dentro dela.

Também em "O espelho", o escritor focaliza uma dissociação entre essência e aparência, entre o que se é e o que se imagina ser, entre as duas

---

14 Capítulo II do livro.

almas que "toda criatura tem [...] uma que olha de dentro para fora, outra que olha de fora para dentro" e, ao exemplificar com o caso do alferes que não consegue se enxergar no espelho se não estiver de farda, deixa claro que o processo de dissociação íntima leva a uma situação que "na verdade, era de enlouquecer."

Os exemplos da atenção machadiana a diferentes aspectos e manifestações da demência constituem, talvez, um de seus motivos mais reiterados. Multiplicam-se nos diferentes contos, mas também nas narrativas mais longas. Em *Memórias póstumas de Brás Cubas*, um capítulo crucial é o que relata o delírio do protagonista. Além disso, ao longo das páginas do romance vamos pouco a pouco assistindo ao processo de loucura de Quincas Borba, o personagem que dará título ao romance seguinte, nele entrelaçado. Neste, o eixo condutor do enredo é o relato do processo de enlouquecimento de Rubião.

Em *Dom Casmurro*, como já foi sugerido, esse processo é mais sutil. Não é mostrado nem narrado exteriormente como nos outros textos, mas acompanhado de dentro, pelo avesso, aos poucos, seguindo a imaginação delirante de Bentinho em suas numerosas fantasias – como a de se queixar ao Imperador e depois até acreditar que o fez realmente e que seu sonho foi uma ação concreta. Também é evidenciado em seus impulsos de ação violenta já citados, em seu abandono da racionalidade, em sua neurose, sua paranoia, sua incapacidade de controlar as emoções que o levam a reações extremadas e desproporcionais. Trata-se, enfim, de mais um texto machadiano sobre a loucura, a dialogar com os outros.

Enfim, em Machado de Assis os diálogos intra-autorais são tão comuns quanto os interautorais. Mas a esse respeito, vale a pena assinalar um aspecto interessante: a atitude do autor em se permitir dialogar com seus antecessores, e fazê-lo de forma consciente, podia não ser comum nem entendida na sua época, mas é muito contemporânea. Uma coleção de ensaios publicada pela Universidade de Massachussets e organizada e editada por João Cézar de Castro Rocha, da UERJ, destaca esse aspecto, ao afirmar que Machado de Assis "foi o primeiro escritor da literatura ocidental a reconhecer que o autor é antes de tudo um grande leitor".[15]

Nesse sentido, o estudo lembra que em 1895 o autor de *Dom Casmurro* escreveu:

"A *Revolução Francesa* e *Otelo* estão feitos; nada impede que esta ou aquela cena seja tirada para outras peças, e assim se cometem, literariamente falando, os plágios".

Tal afirmativa abaliza a noção moderna de que uma obra de arte não nasce apenas da imaginação individual de seu criador, mas é também um diálogo permanente com a tradição que o precedeu, com a cultura em que se insere, com a linhagem a que pertence. O que é também uma forma de lançar à posteridade um desafio a que se dialogue com ele.

Uma das formas que assume esse diálogo com seus pósteros é a frequência e variedade de casos em que outros artistas se sentiram chamados a dialogar com Machado de Assis. É a maior prova de seu papel modelar e canônico, a exigir constantes revisitas de outros criadores – como ocorre com Homero, Cervantes, Shakespeare ou Goethe, para só citarmos alguns.

Não pretendemos esgotar a lista com a referência a casos desse tipo, obras de ficção que voltaram a textos de Machado de Assis em homenagem criadora, com eles dialogando. Apenas para exemplificar, lembramos o livro *Missa do Galo: variações sobre o mesmo tema*,[16] em que Antonio Callado, Autran Dourado, Julieta de Godoy Ladeira, Lygia Fagundes Telles, Nélida Piñon e Osman Lins se permitem um momento lúdico, recriando esse conto de extrema ambiguidade que espicaça a mente leitora. Ou os três romances que dialogaram com *Dom Casmurro*, gestados simultaneamente e publicados por três autores diversos no espaço de poucos meses entre final de 1998 e começo de 1999: *Um amor de Capitu* de Fernando Sabino, *Memórias póstumas de Capitu*, de Domício Proença Filho e *A audácia dessa Mulher*, de minha autoria. Ou no conto *Carta ao Seixas*, de Antonio Carlos Secchin e no romance *Brás, Quincas e Companhia*, de Antonio Borges.

---

15 *The author as plagiarist – the case of Machado de Assis* (*O autor como um plagiário – o caso de Machado de Assis*).
16 Summus Editorial, 1977.

Além desse papel seminal na literatura, a obra de Machado de Assis se estende a outras artes e convida outros artistas a diálogos com ela. É o caso das inúmeras visitas que o cinema fez a essa obra. Além das duas incursões de Nelson Pereira dos Santos pelo universo machadiano, em *Azyllo muito louco* e *Missa do Galo*, para só citarmos alguns filmes[17] podemos lembrar:

Um apólogo – de Humberto Mauro
Capitu – Paulo César Saraceni, (com roteiro de Lygia Fagundes Telles e Paulo Emilio Salles Gomes).
O demoninho de olhos pretos – de Haroldo Marinho Barbosa
Memórias póstumas – de André Klosetz
Quanto vale ou é por quilo? – de Sergio Bianchi.
A cartomante – de Marcos Farias
A cartomante – de Wagner de Assis e Pablo Uranga
Viagem ao fim do mundo – de Fernando Coni Campos
Brás Cubas – de Julio Bressane
Dom – de Moacyr Goes

Por todas essas formas variadas de diálogo que convivem no texto machadiano, podemos dizer que o autor conseguiu o feito mais difícil para um artista, após o próprio ato da criação: a garantia de um diálogo interminável com a posteridade, a quem não cessa de dizer muito, numa função fecundante em que ele passa a fazer parte dessa indispensável matriz fundadora, impossível de ser ignorada, porque é sobre ela que se consolida uma cultura.

Versões desse texto, com pequenas variantes, foram apresentadas no Encontro da Comunidade dos Povos de Língua Portuguesa, Lisboa, em junho de 2008 e no Colóquio sobre Machado de Assis, em Roma, em janeiro de 2009.

---

17 Todos esses, ao lado de documentários sobre Machado, exibidos no ciclo que a Academia Brasileira de Letras dedicou ao autor durante o ano de 2008.

Tristram Shandy, Brás Cubas e a tradição metaficcional no romance do século XIX

Pedro Javier Pardo García
Universidade de Salamanca

No começo das *Memórias póstumas de Brás Cubas* (1880), seu fictício autor declara sem nenhum tipo de rodeio qual é a genealogia literária em que as mesmas se inscrevem: "Na verdade, trata-se de uma obra difusa, na qual eu, Brás Cubas, se adotei a forma livre de um Sterne ou de um Xavier de Maistre, não sei se lhe acrescentei algumas impertinências pessimistas" (2003: 11). Dessa maneira, o autor real Machado de Assis, pela boca de Cubas (mas também em seu próprio prólogo), deixa claro que sua obra pertence a uma tradição mais europeia ou cosmopolita que americana ou nacional, alguma coisa nada surpreendente em um autor que leu assiduamente em outras línguas, em particular francês e inglês, e que nunca escondeu seu excelente conhecimento das literaturas europeias. Nessa viagem que nos dispusemos iniciar pelas *Memórias póstumas*, vamos continuar com esse sinal a seus mestres estrangeiros para estudar o texto não no contexto da obra de seu autor, ou da cena literária, ou histórica brasileira, alguma coisa que já fizeram e continuarão fazendo os brasilianistas, entre os quais não me incluo, mas sim naquele da tradição que denominaremos autoconsciente ou metaficcional, cujo centro é efetivamente Sterne, mas que se remonta a autores que o antecedem, mantém-se em outros que precedem a Assis, uma perspectiva que me é, sim, familiar e conhecida (V. Pardo 1996, 1999, 2005 e 2006, onde se desenvolvem por extenso as questões apenas esboçadas na primeira parte desse texto). Estou, isso sim, firmemente convencido de que tal é o contexto adequado para entender o caráter excepcional ou anômalo do romance de Machado no panorama literário de sua época, e isso é, aliás, um bom pretexto para interrogar-se pelo destino dessa tradição narrativa metaficcional no século XIX e, mais concretamente, em uma concepção romanesca, a do romance realista dessa centúria, em princípio hostil e inclusive antagônico da citada tradição. Também é para recordar, uma vez mais, os arbitrários limites que o estudo da literatura dentro de suas fronteiras nacionais lhe impõe, assim como para superar esse exercicio de endogamia literária mediante a saudável prática da literatura comparada.

I. O ROMANCE AUTOCONSCIENTE: STERNE & CIA

1. DEFINIÇÃO. Nada melhor para começar que algumas definições com as quais podemos entender a que tradição estamos referindo-nos. Robert Alter, o primeiro estudioso a tratar dela em uma monografia, a ela se refere como *self-conscious novel* e a caracteriza da seguinte maneira:

> *A self-conscious novel, briefly, is a novel that systematically tradition and convention.* (1975: x-xi *flaunts its own condition of artifice and that by so doing probes into the problematic relationship between real-seeming artifice and reality. I would lay equal stress on the ostentatious nature of the artifice and on the systematic operation of the flaunting... A fully self-conscious novel... is one in which from beginning to end... there is a consistent effort to convey to us a sense of the fictional world as an authorial construct set up against a background of literary*

Em um estudo posterior, porém tanto ou mais influente que o de Alter, Linda Hutcheon propõe o termo *metafiction*, que define como "*fiction about fiction - that is, fiction that includes within itself a commentary on its own narrative and/or linguistic identity*" (1991: 1), termo que Patricia Waugh adotará no livro, que é a terceira referência inevitável para qualquer pesquisador do assunto, apesar de que o explicará com palavras que lembram Alter: "**Metafiction** *is a term given to fictional writing which self-consciously and systematically draws attention to its status as an artefact in order to pose questions about the* *relationship between fiction and reality*" (1990: 2). O romance autoconsciente ou metaficção – que serve tanto para nossos propósitos – é, portanto, um tipo de relato que confessa abertamente, ao mesmo tempo que reflete sobre sua natureza linguística, literária ou narrativa, sua condição de artifício, construção ou ficção, e, nesse sentido, é consciente de si mesmo ou é ficção sobre a ficção. Não é absurdo considerar *The life and opinions of tristram Shandy, Gent* (1759-1767), do inglês Laurence Sterne, seu representante por excelência, uma preeminência que vem ocorrendo por razões tanto históricas quanto críticas: Sterne não só integra magistralmente o êxito de seus predecessores, Cervantes e Fielding, como também os leva, aliás, às suas máximas consequências, de forma que depois não cabe senão imitá-los – a ele e seus modelos – ou no melhor dos casos reproduzi-los, como podemos observar nas literaturas europeias e, com Machado de Assis pela primeira vez, nas latino-americanas.

2. Cervantes. A tradição autoconsciente ou metaficcional, como a realista a que desafía – conforme afirmou Imhof (1986: 62-63) frente a Alter – ou pelo menos da que é o reverso da moeda ou sua outra metade, surge efetivamente com o *Quixote* de Cervantes (1605, 1615). O *alcalaíno* incorpora à sua ficção uma dualidade presente em todo o romance, mas que só algumas dramatizam: a história e a narração, ou a sucessão de acontecimentos narrados, neste caso protagonizados por Dom Quixote e Sancho, e o ato ou processo de narrá-los, cujos protagonistas em questão são o autor fictício Cide Hamete Benengeli, o narrador que encontra seu manuscrito por acaso e o respectivo tradutor. Mas é na forma que Cervantes utiliza esse plano da narração onde arraiga o cerne metaficcional do romance: se a partir da história esta afirma seu caráter verdadeiro e histórico mediante a contraposição com o falso ou mentiroso dos livros de cavalarias, a partir da narração, calcada precisamente nesses mesmos livros de cavalarias e salpicada dos comentários que seus agentes e intermediários realizam sobre sua escritura, escava-se tal caráter e afirma-se sua natureza literária e inclusive fictícia. A revelação definitiva desse caráter fictício que vamos chamar de *epifania metaficcional*, produz-se

quando, no começo da segunda parte, Dom Quixote e Sancho se veem como personagens dentro de um livro escrito por um Cide Hamete que só pode ser o autor se for um mago encantador como os dos livros de cavalarias, uma impossibilidade constitutiva na qual se curtocircuitam níveis ontológicos. Além dessa escritura impossível, o jogo de comentários dos agentes narrativos abunda nessa dualidade entre uma narração que se confessa fictícia e uma história que se pretende verdadeira – dualidade que contém uma autodefinição do romance como ficção verdadeira – tanto ao afirmar quanto ao negar a confiabilidade de Benengeli e caracterizá-lo como historiador tão pontual quanto mentiroso. Cervantes articula assim a justaposição de impulsos contraditórios que Hutcheon denominou *paradoxo metaficcional*, consistente em solicitar do leitor mediante os recursos do realismo sua imersão no mundo criado como se fosse real ao mesmo tempo que distanciá-lo recordando-lhe o caráter fictício, construído, discursivo do já mencionado mundo.

3. Fielding. Dessa dualidade entre narração e história e entre história e ficção partirá o autor que se confessou em seu primeiro romance um imitador de Cervantes, o inglês Henry Fielding, mas dará um passo mais adiante em sua obra-prima, *Tom Jones* (1749). De novo a dimensão autoconsciente do romance se localiza no plano da narração, mas não tanto em suas circunstâncias, que são as que em Cervantes denunciam sua ficcionalidade, mas que essa denúncia – ou epifania metaficcional – tem lugar através do discurso que se produz a partir da mesma, muito mais direto e desenvolvido que o do modelo cervantino. Se no *Quixote* este se articula nas vozes dos intermediários que comentan como leitores o labor de Cide Hamete, apesar de que também de forma sutil nos títulos de alguns capítulos, que se referem ao discurso, e não à história, em *Tom Jones* se concentra em uma única voz que agora é a de um narrador onisciente refletindo sobre a natureza de sua escritura, suas estratégias compositivas e diferentes questões literárias, habitualmente no primeiro capítulo de cada um dos dezoito livros em que o romance está dividido; e sob esta voz se oculta em última instância: a do autor, que se declara abertamente romancista ao reconhecer em certo momento

o controle que exerce sobre o destino de suas personagens, desencadeando, assim, tanto a epifania quanto o paradoxo característicos da metaficção. Aliás, a referência ao próprio discurso tem aqui um caráter sistemático, uma vontade teórica e uma profundidade reflexiva dos que carecem em Cervantes (alguma coisa também considerável na autorreferencialidade dos títulos dos capítulos, aqui mais desenvolvida), e que acrescente ao romance um componente de reflexividade no sentido de que o romance é um espelho que não apenas reflete a si mesmo, como também sobre si mesmo. Estamos diante de um fenômeno que poderíamos denominar *discursividade* metaficcional: a narração não é utilizada para sobrepor-se ao universo diegético ou extradiegético cujas personagens são autor e leitor, mas sim para produzir um discurso sobre o próprio livro como discurso. Se este último procedimento caracteriza a metaficção *discursiva*, o primeiro o faz com a *narrativa*, que também será desenvolvida por Sterne, apesar de, em ambos os casos, o embrião estar em Cervantes.

4. STERNE. *Tristram Shandy* organiza-se nos mesmos dois planos diegético e extradiegético da história e a narração que vimos em *Dom Quixote* e *Tom Jones* e, como nesta, a partir deste segundo articula-se uma similar autorreferencialidade e reflexividade; porém, de novo, Sterne dá um passo mais adiante e as leva a cotas extremas, quase revolucionárias. O narrador agora é homodiegético (em primeira pessoa), o Tristram do título que está escrevendo sua autobiografia, e suas intervenções como narrador são contínuas, portanto, a narração tem muito mais peso, mas não só quantitativa, como também qualitativamente, por duas razões. (a) Em primeiro lugar, desde a narração faz-se alusão contínua ao próprio livro, seus capítulos, suas páginas, utilizando, aliás, uma série de recursos tipográficos (asteriscos, linhas retas, desenhos, páginas em preto etc.) que incidem em sua discursividade não apenas linguística ou semiótica, como também no suporte físico da mesma; a partir da narração, Tristram invoca e interpela continuamente um leitor múltiplo, cuja caracterização vai variando (às vezes masculino, às vezes feminino, às vezes obtuso, outras perspicaz, a ponto de chegar a ser um

crítico ou críticos), com o qual dialoga de forma contínua e às vezes não só hipoteticamente, pois Tristram fala com uma personagem de sua obra sobre uma entrega anterior da mesma (publicou-se o romance por volumes), como ocorria no *Quixote*; e a partir da narração, Tristram reflete sobre sua escritura, em especial sobre seu peculiar método compositivo, que descreve como digressivo-progressivo, pois baseia-se na convicção de que para contar uma história é preciso ir detendo-se em todas as suas ramificações e explorando todo os desvios, razão por que não se priva de introduzir contínuas digressões que, entretanto, a fazem avançar tão logo permitem alcançar um entendimento cabal e completo da mesma – e, nesse sentido, o método pode ser qualificado de inclusivo-digressivo. De tudo isso resulta uma discursividade sempre presente e reforçada. (b) Mas é que, em segundo lugar, e por causa precisamente desse método, a partir da narração produzem-se interrupções contínuas e giros inesperados da história, pois a (des)ordem digressiva depende das associações que surgem na mente do narrador, do Tristram que conta e não do contado, motivo por que o caráter excêntrico de sua subjetividade – que é de família, como mostram as numerosas anedotas sobre seu pai Walter e seu tio Toby – reflete-se em uma excentricidade narrativa, um relato antilinear, fragmentário e, o que é pior, falido.

Esse caráter falido é causado pelo problema do tempo que Tristram formula no livro IV: porque, com seu peculiar método narrativo, demorou um ano a contar un dia de sua vida, a narração da mesma retrocede em lugar de avançar, pois tem trezentos e sessenta e cinco dias a mais que contar, com o paradoxal resultado de que quanto mais do narrador não lhe permitirá acabar de contar sua vida, que se revela como uma tarefa impossível. De fato, Tristram mal tem tempo de contar-nos sua concepção, seu nascimento, batismo e algum episódio de infância (todos, sem dúvida alguma, têm em comum uma certa incomunicação e frustração que criam um paralelismo entre narração e história, uma correlação entre o narrativo e o existencial, a estética e a ética). Isso, porém, não quer dizer que o romance fique inconcluso ou que Tristram não seja o protagonista, mas sim, que ambos os objetivos são alcançados no plano da narração e não no da história: *Tristram Shandy*, na realidade, não conta a história da vida de um homem, mas a história de um homem que tenta contar sua vida e fracassa (a autobiografia de Tristram fica sem acabar, mas não o romance de Sterne), e ao que chegamos a conhecer de forma íntima através não de sua biografia, mas de sua peculiar e excêntrica maneira de narrá-la (não como personagem, mas como narrador). A narração se converte, assim, na história principal enquanto devora, canibaliza ou desintegra a que o era em um princípio e enquanto nela exige sentido, coerência e unidade o romance. E é nesse aspecto em que *Tristram Shandy* transcende a metaficção discursiva, a fim de apontar para a narrativa, a variedade de romance autoconsciente que narra as peripécias de um autor ou um leitor, o processo de escrever ou de ler, e mais concretamente o que Kellman (1980) denominou *self-begettie novel* ou romance autoengendrado, que relata sua própria escritura. Criou-se, assim, uma *narrativização*, ante o simples narrar Sterne "narrativiza": chama a atenção sobre o processo de enunciação narrativa por seu caráter inusual ou excêntrico, assim como inacabado, em processo ou construção; ou, em outras palavras, articula uma narração autoconsciente, que tem consciência de ser resultado de um ato de produção que está a caminho ou se está fazendo (*work in progress*) e da mediação de um narrador de peculiares características, o que dá lugar a uma ruptura da ilusão de transparência na que se fundamenta a aspiração mimética. O paradoxo metaficcional nesse caso, que não temos tempo de explorar, reside no fato de que cria um novo tipo de ilusão, um novo tipo de mimesis.[1]

---

[1] Efetivamente, Sterne foi considerado por muitos o fundador do tipo de mimese que depois se desenvolverá no século XX. Por um lado, em sua exploração da subjetividade do narrador através de suas associações mentais um realismo de percepção pode ser visto na disrupção da linearidade e continuidade da narrativa para dar-nos fragmentos que o leitor deve reunir e dar sentido, um realismo de construção, ambos próprios da narrativa modernista e pós-modernista. Sterne nos diz, por uma parte que a literatura não pode apreender a vida e, por outra, a apreende de uma forma nova que, por isso, precisamente, parece ainda mais com a vida. Se Cervantes chega ao realismo característico do romance pela paródia ou à crítica do *romance*, Sterne inaugura um novo tipo de realismo através do questionamento do realismo e à paródia do próprio romance quando este, não o esqueçamos, está ainda descobrindo suas possibilidades. Nos dois, de qualquer maneira, a escritura é um impossível, por diversas razões, mas em ambos os casos, a fonte dessa impossibilidade está na narração, e no narrador.

5. E COMPANHIA. Como ocorreu antes com Cervantes, e como se se tratasse de uma particular variante metaficcional de que ninguém é profeta em sua terra, para encontrar os herdeiros de Fielding e Sterne é preciso sair da Inglaterra e ir até a França e Alemanha. Na França, o exemplo de Sterne – e também de Cervantes – pode ser encontrado no original e divertido *Jacques le fataliste*, escrito pelo enciclopedista Denis Diderot entre 1765 e 1784, mas publicado postumamente em 1796 (e antes, curiosamente, traduzido para o alemão, em 1792). Depois de Diderot, Xavier de Maistre imitará a "forma livre de Sterne" em seu *Voyage autour de ma chambre* (1794), e na Alemanha Jean-Paul Richter o fará bem próximo ao século XIX em seus *Flegeljahre* (1804-1805), ainda que já antes Christoph Martin Wieland tivesse imitado a forma autoconsciente de Cervantes e sobretudo de Fielding em seu *Don Sylvio von Rosalva* (1764). Dessa forma, pode-se afirmar que no século XVIII consolida-se não só o realismo que caracterizará o romance, como também a tradição autoconsciente que podemos considerar seu duplo, mas que tem sua própria origem – o *Quixote* –. Ao longo do século XIX, especialmente com o triunfo do Realismo e sua ênfase à historicidade do romance, produz-se, conforme argumentou Alter (1975: 87-92), um eclipse do romance autoconsciente facilmente constatável em seus países de origem: na Espanha, o exemplo de Cervantes fica esquecido até Galdós, quem abre e encerra *El amigo manso* (1882) com uma mínima análise metaficcional; no Reino Unido ocorre a mesma coisa com o de Sterne, que sobrevive em uma obra marginal e anômala de Thomas Carlyle, *Sartor Resartus* (1836), na qual influi também Richter, e somente em *Vanity Fair* (1848), de William M. Thackeray, encontramos um componente metaficcional de certa entidade em um dos píncaros do romance vitoriano inglês, neste caso, atribuível à influência de Fielding; e na França, o centro de irradiação da doutrina realista, e até onde chegam meus conhecimentos, absolutamente nada. Para encontrar exemplos claros, originais e contundentes de romance autoconsciente no seio do romance do século XIX, é preciso viajar até a América, ao Norte, com *The confidence-man* (1857), o último romance, de Herman Melville publicado em vida, cuja incompreensão por parte do público e da crítica pressupôs o abandono de

sua carreira de romancista; e ao Sul, com Machado de Assis que, por certo, não figura em nenhum dos estudos citados sobre metaficção. Ambos dão fé de que o problema com a metaficção do século XIX não é tanto um eclipse quanto uma posição diversa no sistema literário: a autoconsciência continua aí, mas passa do centro à periferia, tanto cultural quanto geográfica. Já é tempo de tirar Machado de Assis dessa posição para colocá-lo no lugar que lhe corresponde nessa tradição.

II. As *Memórias Póstumas de Brás Cubas* como romance autoconsciente

1. Epifania e paradoxo metaficcionais. As *Memórias póstumas de Brás Cubas* começam onde terminam as de *Tristram Shandy*: na morte do narrador. Isso quer dizer que a citada morte é o princípio não apenas da história – pois se trata do primeiro episódio narrado – como também da narração: se Tristram Shandy mostrava a impossibilidade de narrar a própria vida por um problema de tempo, Brás Cubas supera essa limitação contando-a depois de morto, o que torna a narração impossível. O romance tem assim a rara honra de ser o primeiro texto autoconsciente que situa uma epifania metaficcional em sua própria arrancada, pois é na nota ao leitor de Cubas onde tomamos conhecimento de que suas memórias não são póstumas por terem sido publicadas depois de sua morte, mas sim porque as escreveu "no outro mundo" (2003: 12), uma original variante da escritura impossível que vimos em Cervantes e que equivale a declarar abertamente que se trata de um texto fictício. Machado não só está dinamitando todo o aparato de verossimilitude em que se funda o Realismo, como também, aliás, está destruindo ou parodiando a convenção do relato autobiográfico que impede a seu autor narrar sua própria morte e, portanto, fechá-lo (tal como se manifestava Ginés de Pasamonte em um conhecido episódio do *Quixote* ou o próprio Sterne ao deixar bruscamente interrompido o relato de Tristram). Aliás, ao fazer dessa morte o primeiro episódio de suas memórias – a própria acronia caracterís-

tica de Sterne – propõe o caráter arbitrário, convencional e relativo de todo começo, dificuldade de saber qual é realmente o princípio por que é preciso começar uma história – de novo como agia Sterne ao fazer não do nascimento, mas sim da concepção e o ocorrido à sua volta, o início do relato da vida de *Tristram Shandy*. Curiosamente, em que pese essa declaração inicial de ficcionalidade que se situa no plano da narração, são inúmeras as ocasiões posteriores em que seu autor incide sobre o caráter verdadeiro e não romanesco da históra narrada, articulando, assim, paradoxo metaficcional semelhante ao que víamos no *Quixote*.[2] No Capítulo CXV, por exemplo, ao descrever a separação de sua amada Virgília, reconhece que deveria escrever que se desesperou, chorou e não comeu, para pontualizar ato subsequente que "seria romanesco; mas não seria biográfico" (193-194) e acrescentar uma série de detalhes sobre a refeição que ingeriu e seu cozinheiro. E já antes, no XXVII, ao ofercer-nos o retrato dessa mesma Virgília, nega-se a exagerar sua beleza "porque isto não é um romance, onde o autor estiliza a realidade e fecha os olhos diante de cravos e espinhas; mas tampouco quero dizer que lhe manchasse seu rosto nenhum cravo ou espinha, não" (76); e chama a atenção para a diferença entre as palavras de agora – como narrador – e as que utilizou então com ela – como personagem –, nas que sem dúvida abundavam os superlativos de que ora prescinde, e sobre a capacidade humana para corrigir-se com o tempo, neste caso, para corrigir desde a morte o que se pensou em vida. A veracidade e confiabilidade dessas memórias ficam assim associadas, paradoxalmente, ao próprio caráter póstumo que as torna fictícias por impossíveis, tal como explicita o narrador no Capítulo XXIV, onde, em um parágrafo que não citamos, tendo em vista que seu grande interesse por motivos de espaço, comenta como a morte é a maior garantia da verdade de sua escritura ("a franqueza é a primeira virtude do defunto"), pois o liberou do peso de preocupar-se ou fingir ante a opinião pública (70). Aliás,

---

2 Aqueles que só acreditam na intertextualidade quando a influência é demonstrável pelas referências diretas ao modelo, internas ou externas, podem ir ao Capítulo XV das *Memórias*, onde Machado faz uso do cavalo e do asno cervantinos, neste último caso, nomeando Sancho, seu ginete (49).

esse caráter póstumo, outorga distância não apenas a respeito da realidade narrada, como também do veículo que se utiliza para narrá-la, pelo que a ele deve vincular-se igualmente sua autoconsciência, a discursividade e narrativização das que passamos a tratar.

2. Discursividade. As *Memórias* estão salpicadas de referências ao discurso próprio, recordativos de que estamos lendo um livro, literatura, textualidade. Em sua forma mais simples, essa autorreferencialidade toma a forma de frequentes alusões às páginas ou aos capítulos do livro. Em um estágio mais avançado, podemos observá-la em uma prática evidentemente inspirada em Cervantes e, sobretudo, em Fielding, a de dar títulos autorreferenciais aos capítulos, que oferecem uma descrição do texto ou seu funcionamento no desenho narrativo do romance: "Triste porém breve" (XXIII), "Breve porém alegre" (XXIV), "O porém do livro" (LXXI), "Suprimido" (XCVIII), "Parênteses" (CXIX), "Vai de intermediário" (CXXIV), "Para intercalar no Capítulo CXXIX" (CXXX), "Que explica o anterior" (CXL). Mas o procedimento mais sofisticado, tomado de Fielding e, sobretudo, de Sterne (também de Diderot, que o conduz à sua culminância), é sem dúvida a referência contínua ao leitor, àquele que se dirige em diversas ocasiões para pedir sua participação no texto e para estabelecer com ele um diálogo[3] imaginário. Não tem nada de estranho que o texto faça referência a si mesmo como tal: porque é fruto de uma impossibilidade, para que esconder que é escritura, tinta sobre papel, um livro? Mas a discursividade não se limita à autorreferência ("isto é discurso, estamos lendo"), mas sim, àquilo que é também reflexividade,

---

3   No XXV, pede-lhe que memorize e desafia sua inteligência; no XLVII, convida-o para entrar em sua casa, mas o avisa de que não lhe revelará seus encontros íntimos; no XXXVIII, solicita-lhe que releia capítulos anteriores; no LXII, diz-lhe que não tenha medo, que não deve pular o capítulo anterior para entender o presente; no LXXVI, lhe dá tempo para decifrar um mistério que propôs (LXXXVI), o qual, na realidade, compreendemos que é impossível quando o narrador resolve isso mais adiante. (Virgília estava grávida (XC). E além do mais imagina uma pergunta do leitor (XXVII), que chama o narrador de cínico e este lhe responde (XXXIV), que objeta e a quem censura chamando-o de obtuso (XLIX), que se abalou ou pelo menos deveria tê-lo feito (XCVII). Finalmente, o leitor se converte em crítico no CXII.

isto é, explicita as características desse discurso, coloca a descoberto o artifício e as estratégias postas em jogo para construí-lo. O próprio começo do romance já situa em primeiro plano tal reflexividade ao aparecer o narrador questionando-se precisamente sobre como começar, se com seu nascimento ou sua morte, e, após decidir-se por esta última, justificando-se por tratar-se do relato de um morto, mas também por sua vontade de que seja diferente: "o escrito ficaria assim mais galante e mais novo" (13). Essa vontade de inovar, esse caráter de novidade – isto é, *romanesco* –, da escritura, vai continuar manifestando-se ao longo de todas as *Memórias*. Tal como Tristram manifestava seu desinteresse pelo que era a essência do romance, quer dizer, as aventuras, Cubas sublinhará a elipse dos momentos climáticos ou mais dramáticos de sua vida, que seriam os lugares comuns romanescos, igual à morte de seu pai (XLV) ou de Eulália (CXXVI), que resolve a coisa com umas notas e um simples epitáfio, respectivamente, do mesmo modo que omite os momentos decisivos de suas relações com Virgília.[4] O narrador insiste nesses silêncios narrativos no CXXXIX, onde nos conta "De como não fui ministro de Estado" (220) mediante uma série de linhas de pontos, para iniciar o capítulo seguinte afirmando que "Há coisas que se dizem melhor calando: tal é a matéria do capítulo anterior" (221); e no CLVII, onde se nega a contar aquela que descreve como a fase mais brilhante de sua vida (239).

Além disso, para evidenciar esse caráter de antirromance claramente inspirado em *Tristram Shandy*, Machado utiliza também a reflexividade para fazer o mesmo com o ofício ou a arte de narrar e a peculiar forma que Cubas tem de praticá-lo. No Capítulo IX, que leva por título "Transição", este chama a atenção sobre o que supostamente conseguiu dissimular, como salta de uma coisa para outra sem que o leitor se dê conta disso, neste caso, de sua morte a seu nascimento por meio de uma série de associações, assim como

---

4   O começo do amor adúltero é substituído por uma linha de pontos, a fim de saltar imediatamente depois para o primeiro beijo (LIII), e um diálogo figurado entre os dois namorados não tem frases senão apenas linhas de pontos (LV), para decepção da curiosidade do leitor (tudo isso lembra o manejo de signos tipográficos com o mesmo propósito elíptico em Sterne). Aliás, como já temos apontado, narra a separação de Virgília com a descrição de uma comida e das habilidades culinárias de seu cozinheiro, M. Prudhon (CXV).

sobre o ordenamento não convencional de suas memórias e o método escondido na aparente falta de método, exatamente a mesma coisa que Tristram fazia ao explicar seu método digressivo-progressivo. Algo parecido ocorre no XIII, "Um salto", título que faz alusão a como suas memórias saltam dos nove aos dezessete anos de Cubas (de 1814 a 1822) e a consequente condensação de todos os anos de escola nesse capítulo. Em outras ocasiões, o narrador limita-se a destacar os desnecessários adornos de estilo que acaba de utilizar (XXXIII) ou como introduziu um capítulo que anunciava a morte de Eulália para atenuar, assim, a impressão que causará no leitor, pois nos diz que este lê para escapar da vida e seus rigores, não para revivê-los (CXIX). A invocação ao leitor neste último exemplo mostra sua utilização para caracterizar o livro: a interpelação a esse leitor genérico serve para construir um leitor implícito por meio do qual o autor nos indica o que espera dele, e, com isso, o tipo de livro que estamos lendo. O exemplo mais representativo a esse respeito encontra-se no Capítulo LXXI, no qual Cubas faz uma surpreendente afirmação:

> ... o maior defeito deste livro é você, leitor. Você tem pressa de envelhecer, e o livro vai se fazendo devagar, a você agrada a narração direta e nutrida, o estilo regular e fluido, e este livro e meu estilo são como os bêbados, cambaleiam a torto e a direito, andam e se detêm, grunhem, gritam, riem às gargalhadas, ameaçam o céu, tropeçam e caem (LXXI, 138-139).

O bêbado do Machado é uma imagem da transformação digressiva que este adquiriu de Sterne, regido por associações de ideias e naquilo que anedotas e reflexões interrompem o fio narrativo, e de que vamos tratar em seguida,[5] ainda que não sem antes observar como nas *Memórias* se produz a combinação de criação e crítica, o comentário do texto a partir do próprio

---

5   Esse caráter digressivo se destaca quando, de novo por intermédio do leitor, lembra que suas memórias têm tanto conteúdo narrativo (anedotas) como reflexivo (IV, VII, CXXXV), mas também quando o narrador confessa ter perdido um capítulo (LXXIII) ou o considera inútil (CXXXVI) por seu escasso conteúdo narrativo e por não fazer avançar a ação.

texto, característicos do romance autoconsciente. Tal reflexibilidade, junto à autorreferencialidade, faz parte da discursividade que a distingue do romance realista: constrói um discurso que chama a atenção sobre sua condição e suas características, o contrário da transparência discursiva a que aspira ao Realismo, que se vê também socavada pela narrativização.

3. Narrativização. O interesse do romance de Machado, como o de Sterne, reside não só no que conta o personagem Brás, como também na peculiar forma em que o conta Cubas narrador, cuja atividade como tal tem tanto ou mais interesse que a medíocre e anódina vida narrada (a mesma coisa ocorre com Tristram, cuja escritura é o *hobby-horse* que o individualiza e que por certo tem algo a ver com as ideias fixas de Cubas), embora tal vida tenha muito mais presença narrativa que a de Tristram (nós o conhecemos muito melhor que a este como personagem da história). Efetivamente, as *Memórias* se caracterizam pela interferência da narração na história, pela narrativização com a qual temos denominado a ênfase da enunciação, o processo narrativo, o ato de narrar, mas tal interferência não chega a devorar a história. Apesar de tal diferença, a narrativização articula-se por meio de uma similar excentricidade narrativa, baseada na shandeana lógica da interrupção, a fragmentação e a digressão. A divisão do texto em breves capítulos (isso que Julián Ríos [2008: 121] chamou de "arte nova de capitular" de Machado de Assis) assim como o curso digressivo do qual existem tantos exemplos destroem a unidade e continuidade narrativas, a lógica da causalidade se vê substituída pela casualidade entendida como contingência em sua mente associativa. E, precisamente, são essa mente e essa contingência as que nos remetem ao plano da narração, pois nos alertam tanto da mediação de sua subjetividade na escritura quanto de uma escritura que vem sendo feita, em processo, em construção; e convertem o texto em uma viagem em torno da cabeça de seu narrador – parafraseando Maistre – que não segue uma linha reta, mas sim uma curva – similar àquelas que Tristram utiliza para representar visualmente sua escritura.

(a) A primeira coisa, a mediação da subjetividade, o próprio narrador a explicita quando, ao conectar as palavras de Damasceno no enterro de sua filha com a fotografia de uma dama turca (que viu dois anos depois) por ilustrar igualmente a importância da formalidade na vida social, nos fala de sua mente associativa, em especial dotada para encontrar a relação entre coisas aparentemente distantes (CXXVII), alguma coisa do que sua escritura presta testemunho constante: de fato, imediatamente depois a fotografia o leva à sua nomeação como deputado (CXXVIII), pois a viu então, assim como Lobo Neves, que também o era, e isso ante a ausência de seu arrependimento, o que finalmente o faz escrever sobre Lady Macbeth e o Aquiles homérico (CXXIX). As digressões não só permitem explorar sua subjetividade por intermédio de suas associações mentais, como também oferecer o conteúdo da mesma nas ideias e teorias que nelas vai vertendo, as quais, como reza o título de Sterne, tornam o texto na vida e *opiniões* de seu narrador (de fato as opiniões dominam sobre as anedotas como conteúdo digressivo, o que faz a ruptura da linearidade narrativa menos radical que a de Sterne).[6] (b) A segunda coisa, a apresentação da obra como processo e não como produto acabado, é ainda mais chamativo que em Sterne pelos profusos testemunhos que vai deixando o narrador em sua escritura de sua indecisão, dúvidas, erros, problemas, ou limitações. O Capítulo XLV consiste nas notas para um capítulo que *não* escreverá sobre a morte de seu pai, no LVII perde o fio do que está escrevendo, no LXVIIII evoca o capítulo que teria podido escrever se se lembrasse do que pensou, e no XCVIII propõe-se suprimi-lo por ser bastante vago e acaba fazendo isso para não dizer coisas que não quer.[7] Cubas reflete

---

6 Opiniões podem ser encontradas ao equilibrarem-se no trapézio da cabeça de Cubas (utilizando sua própria expressão), como narrador, no capítulo XVI (a reflexão imoral); XXVII (teoria da vida como errata e edição); XLII (Aristóteles e a metafísica da aversão); XLIX (sobre os narizes); LXVI (sobre as pernas); LXXXVII (teoria da geologia moral e anedota ilustrativa); C (teoria da relação entre o público e o privado como maré que sobe e baixa); CXVI ("filosofia das páginas velhas"); CXXXI (sobre a indiscrição em homen e mulheres); e, como, personagem, no XXXVI (sobre as botas); LI e CV (a lei da equivalência das janelas); LXVIII (a propósito do escravo golpeado); LXXV e LXXVI (a propósito de Dona Plácida); CXIX (máximas escritas após a caminhada de Virgília).

7 Há muitos outros exemplos: pensa que vai apagar o capítulo anterior porque contém um absurdo e não quer dar motivos aos críticos (LXXII); lembra ao leitor que fez a mesma

sobre as dificuldades de contar alguma coisa e que se entenda, afirmando que talvez fosse melhor não ter dito nada, apagá-lo (CVIII), e isso depois de ter-se negado a explicar o que finalizava uma nota (embora de fato o sugira). E chega a escrever um capítulo fora de lugar, um esquecimento que solicita ao leitor que o corrija inserindo-o entre a primeira e segunda frase do anterior (CXXX). Dessa maneira, fica inscrita no romance a narração, o processo de escritura em que se tomam decisões e em seguida modificam-se, surgem imprevistos, omitem-se coisas, saltam-se textos e digressa-se, configura-se o texto tal como o lemos; e expõe-se como a narração, tanto por seu caráter subjetivo quanto construído, aqui exacerbado pelo caráter excêntrico desta, determina a forma final do texto e, nesse sentido, afasta-o da realidade que pretende representar.

4. (Antir-)Realismo. As *Memórias póstumas* evidentemente carecem da originalidade e o radicalismo experimentador de *Tristram Shandy* ou de sua profundidade na reflexão sobre as convenções narrativas, mas têm o grande valor de experimentar e de atualizar essa reflexão no seio de un movimento literário antagônico da metaficção, o Realismo, de aplicar as estratégias autoconscientes ao romance realista do XIX para assim *shandeizá-la*. De fato, se tivermos em conta que, por sua temática, o romance de Machado poderia enquadrar-se em dois dos grandes paradigmas do romance do século XIX, o *bildungsroman* e o romance de adultério, é fácil compreender que ao metaficcionalizá-los pode estar parodiando-os, como fez Sterne com o romance do Capítulo XVIII. Machado não apenas não leva a sério o romance como forma narrativa, como tampouco o faz com a vida narrada, o que, levando em conta que tal vida aborda dois temas cruciais para o Realismo, formação e transgressão, revela uma pulsão antirrealista e, sobretudo, uma

---

comparação em um capítulo anterior, mas agora com alguma coisa nova, o que leva a um tema que mereceria um capítulo que não vai escrever para não tornar o livro longo demais (LXXXVII); menciona o assunto cuja escritura adia para quando estiver mais calmo (CII) e que talvez acabe contando no CXI; no CIX se nega a descrever Quincas Borba e repetir a história que lhe contou; e no CXVI diz que pensou em parar, descansar para purgar a melancolia, mas em seguida decidiu não perder tempo.

atitude vital ou uma visão de mundo que também compartilha com Sterne, como Cubas explicita em sua nota ao leitor, onde a menção do autor inglês vai acompanhada do comentário de que suas memórias estão escritas com pena burlona ou brincalhona e tinta melancólica ("a pena da galhofa e a tinta da melancolia"). Após a leitura das mesmas compreendemos que essa atitude consiste em contar o mais sério a partir do humor, adotar uma distância cômica diante das tragédias da vida, um certo ceticismo de não se levar a sério nada após o que pulsa o pessimismo que tanto Cubas quanto Machado confessam em seus prólogos. E essa atitude se ajusta perfeitamente ao fato de que o narrador é um morto: eis que a transcendência do que poderia parecer um mero jogo metaficcional. As *Memórias* brincam ao contar o mais importante como se não importasse porque o faz desde quando já nada importa: desde a morte. E alguma coisa semelhante ocorre em *Tristram Shandy*: apesar de seu narrador não estar morto, sente, sim, na nuca o hálito da morte, como fica claro no livro VII, que descreve precisamente sua viagem à França fugindo dela ou, o que é a mesma coisa, aflito pela doença, e como manifesta sua repentina morte que deixa o texto interrompido e que não é senão a morte do próprio Sterne, que neste aspecto se projetou biograficamente em sua personagem. Em ambos os casos trata-se de dois narradores que olham o mundo a partir da morte (antes ou depois) e, ainda mais importante, que não levam a sério nem a própria morte: como iriam fazê-lo com todo o restante?

Com as *Memórias*, Machado de Assis coloca uma bomba antirrealista no coração do Realismo (como Sterne havia feito com seu antirromance quando o romance estava emergindo). Embora com *Dom Casmurro* (1899) nosso autor pareça estar voltando à ortodoxia, pois a fragmentação capitular é mais externa que interna, mal há digressões e a autoconsciência se vê consideravelmente reduzida, sua presença residual é, no entanto, muito sintomática da vontade de Machado de resistir mantendo o elemento metaficcional e muito significativa em uma história na que reaparecem os temas da formação e o adultério, mas com contornos profundamente trágicos. Levando-se em conta que o narrador já não é um morto, mas sim vítima ao mesmo tempo que vitimário dos fatos narrados, sua autoconsciência narrativa e o distanciamento que isso outorga ao relato é verdadeiramente chocante e tem muito a ver com o profundo desassossego que o romance provoca. A pergunta não é apenas se o adultério é real ou imaginado, mas se esse distanciamento se explica por uma frialdade que faz de Dom Casmurro um monstro ou como uma estratégia defensiva que o dota de um profundo patetismo. Seja qual for a resposta, a autoconsciência e a distância continuam indo pela mão; como em *Brás Cubas*, a metaficcionalidade se utiliza para colocar a dor da vida em quarentena: está aí, mas se conta como se não doesse. A escritura autoconsciente machadiana parece anestesiar a vida e se ergue assim no veículo perfeito para falar-nos de personagens que parecem "viajar ao redor da vida" – como diz Machado de Cubas no prólogo – sem chegar nunca a ela, protagonistas de histórias de frustração e incomunicação – alguma coisa no que também se parecem com *Tristram Shandy*. Aqui podemos detectar a mesma correlação entre história e narração, lógicas, se levarmos em conta que os protagonistas são também os narradores: a frustração e incomunicação são tão vitais como a narrativa, conformando uma poética que rege tanto suas vidas quanto sua forma de contá-las. E Machado constrói essa poética, inspirando-se em Sterne e na tradição autoconsciente, num tempo em que o Realismo se esforçava para alcançar a mimese total: considerar Machado realista parece, dessa perspectiva, no mínimo uma simplificação. Seja como for, o inegável é que com as *Memórias* parece como se a tradição metaficcional, amordaçada pelo Realismo, se vingasse dele, desconstruindo não só seus padrões narrativos paradigmáticos, como também a premissa na qual se funda: não, um romance não é a realidade, é apenas uma narração que produz um discurso, que conta uma história, não importa quão verdadeira ela possa parecer.

Referências bibliográficas

Alter, R. *Partial Magic:* the novel as a self-conscious genre. Berkeley/Los Angeles: University of California Press, 1975.

Cervantes, M. de (1605, 1615). *Don Quijote de la Mancha.* Francisco Rico (Ed.). Barcelona: Instituto Cervantes/Crítica, 1998.

Fielding, H. (1749). *Tom Jones.* Madrid: Cátedra, 1997.

Hutcheon, L. (1980). *Narcissistic narrative:* the metafictional paradox. London: Routledge, 1991.

Imhof, R. *Contemporary metafiction.* Heidelberg: Carl Winter, 1986.

Kellman, S. *The self-begetting novel.* New York: Columbia University Press, 1980.

Machado de Assis, J. M. (1880). *Memorias póstumas de Blas Cubas.* Madrid: Alianza Editorial, 2003.

_____. (1899). *Don Casmurro.* Madrid: Cátedra, 1991.

Pardo, P. J. "La novela como juego: la paradoja metaficcional en Cervantes, Fielding y Sterne". In: *Actas del X Simposio de la sociedad española de literatura general y comparada.* Santiago de Compostela: Universidad de Santiago de Compostela, 1996, p. 203-217.

_____. "Cervantes, Sterne, Diderot: Les paradoxes du roman, le roman des paradoxes". In: *Exemplaria - Revista de Literatura Comparada*, 3, 1999, p. 51-92.

_____. "Cervantes, la novela y la metanovela". In: Rivas Yanes, A. (Ed.). *El hidalgo fuerte:* siete miradas al Quijote. Luxembourg: Círculo Cultural Antonio Machado, 2005, p. 107-42.

_____. "La tradición cervantina en la novela inglesa: de Henry Fielding a William Thackeray". In: Gómez-Canseco, L. *et al. Entre Shakespeare y Cervantes:* sendas del renacimiento. Newark: Juan de la Cuesta, 2006, p. 73-111.

Ríos, J. *Quijote e hijos*. Barcelona: Galaxia Gutenberg, 2008.

Sterne, Laurence. (1759-67). *La vida y las opiniones del caballero Tristram Shandy*. Madrid: Alfaguara, 1990.

Waugh, P. (1984). *Metafiction:* the theory and practice of self-conscious Fiction. London: Routledge, 1988.

Capitu:
RETRATO DE UMA GIOCONDA BRASILEIRA

Antonio Maura
Universidade Complutense de Madri

❧

Em 1899, quando se publica *Dom Casmurro*, Machado de Assis tem sessenta anos e uma longa experiência como narrador, cronista de sua cidade, crítico e poeta. No mesmo ano da publicação do romance vendeu os direitos de propriedade intelectual de suas obras a H. Garnier, importante editor francês, que cuidaria da edição de seus livros em português e em outros idiomas. Machado é um escritor reconhecido e não tem pressa para escrever suas obras. No jornal *A República* publicou, em 15 de novembro de 1896, o texto *Um agregado* (*Capítulo de um livro inédito*), que continha os Capítulos III, IV e V do romance. Isto é, o livro, que não excede as cento e cinquenta páginas, foi elaborado, paciente e parcimoniosamente, ao longo de três anos. A própria estrutura do romance, que seu autor havia iniciado em *Memórias póstumas de Brás Cubas*, com capítulos curtos e nem sempre sucessivos cronologicamente, lhe permitiu trabalhar na narração como um todo sem grandes dificuldades, acrescentando, modificando ou eliminando determinadas passagens que pudessem dificultar a leitura ou distraí-la, até que tivesse a forma que ele queria e imaginasse. *Dom Casmurro* é, portanto, uma autêntica peça artística realizada por um autor no auge de sua carreira, já então considerado, o que é agora, o melhor escritor de seu tempo e, possivelmente, também da literatura brasileira.

Não estão claras, porém, as origens dessa obra. Machado foi sempre um homem muito reservado com os fatos de sua vida e com os lavores de seu trabalho literário. Entretanto, no prólogo à terceira edição de *Quincas Borba*, romance que antecede a *Dom Casmurro*, comenta:

Um amigo e confrade ilustre tem teimado comigo para que dê a este livro o seguimento do outro. "Com as *Memórias póstumas de Brás Cubas*, donde este proveio, fará você uma trilogia, e a Sofia de *Quincas Borba* ocupará exclusivamente a terceira parte." Algum tempo cuidei que podia ser, mas relendo agora estas páginas concluo que não. A Sofia está aqui toda. Continua-la seria repeti-la, e acaso repetir o mesmo seria pecado.

Segundo parece, Machado contemplou a possibilidade de que Sofia, a protagonista de seu romance anterior, pudesse ser a personagem que centraria a terceira parte da série narrativa iniciada nas *Memórias póstumas de Brás Cubas*. De fato, *Quincas Borba* prolongava a anterior não por meio de sua protagonista, Brás Cubas, que não teve descendência, nem de Quincas, o filósofo do *Humanitismo*, que morreu louco, mas sim por intermédio de seu cão ao qual lhe deu seu próprio nome e de seu herdeiro universal, Rubião. Desse modo, Sofia, a esposa de Cristiano de Almeida e Palha, por quem Rubião se apaixona perdidamente, deveria ter sido a protagonista do seguinte romance se não estivesse, como nos disse Machado no texto citado, completa e definitivamente delineada. Se seguirmos esse fio argumentativo, poderemos, então, pressupor que o que passava pela cabeça do escritor ao iniciar *Dom Casmurro* era desenhar o perfil de uma personagem feminina que superasse em capacidade de sedução à própria Sofía e que fosse tão plenamente brasileira quanto mulher, que fosse *"mais mulher do que eu era homem"*, na feliz expressão que tanto o protagonista quanto o narrador empregam no romance. Nesse sentido, poder-se-ia considerar Capitu – alguma coisa que a crítica e os numerosos leitores e leitoras da obra referendam – a culminação de uma personagem feminina na obra de Machado de Assis.

Muito importante para configurar sua protagonista foi dar-lhe um nome. O escritor brasileiro era muito meticuloso para escolher os apelidos e nomes de suas personagens. Brás Cubas, o das *Memórias póstumas*, pode ser tanto uma personalidade histórica[1] quanto um símbolo ao que aludem

---

[1] Brás Cubas (1507-1592) foi um nobre português que fundou a cidade de Santos en 1543 e, posteriormente, exerceu o cargo de governador da Capitania de São Vicente, a atual São Paulo, em duas ocasiões: de 1545-1549 e de 1555-1556, respectivamente.

às letras de seu nome de batismo, que coincidem com as quatro primeiras da nação à que pertence.[2] Assim, *Memórias póstumas* não seriam somente as de uma personagem fictícia, como também as de um país ancorado em seus inveterados preconceitos sociais e no escravismo. Do mesmo modo, Palha, um dos protagonistas de *Quincas Borba*, esposo da esplêndida Sofia, poderia significar, como assinalou Helen Caldwell (2008: 57), alguém sem entidade, sem importância no desenvolvimento da história, como palha da qual há de separar-se o grão. A própria Sofia alude ao termo grego que também definiu uma escola filosófica, o sofismo, que dava mais importância aos argumentos bela e ingeniosamente elaborados que à verdade de seus conteúdos. Por sua vez, o protagonista e narrador do romance que analisamos têm, como Capitu, dois nomes. Por un lado é Bento Santiago, Bentinho, e, por outro, Casmurro com o qual assina o livro, libelo documental com o que pretende demonstrar o adultério de sua mulher e negar a paternidade biológica de seu filho. O inocente e bendito – em sua conotação castelhana de pessoa simples a quem se engana com facilidade – converte-se, em sua idade madura, em uma pessoa difícil, ensimesmada, triste, segundo define o dicionário brasileiro Aurélio, ou então maliciosa, reservada e de poucas palavras seguindo a primeira acepção da palavra *cazurro* que assinala a Academia Espanhola.

Capitolina, o nome de batismo da protagonista do romance, tem ressonâncias inequivocamente romanas, como romano é também o nome de Lívia, a protagonista do primeiro romance machadiano, *Ressurreição*, que divide com *Dom Casmurro* a mesma temática do ciúme. Em um artigo dedicado ao poema narrativo *Iracema*, de José de Alencar, Machado compara a heroína romântica com uma Diana selvagem, "espécie de vestal indígena", cuja beleza nativa fica realçada por sua "poderosa paixão do amor selvagem, do amor que procede da virgindade da natureza" (2008, 3: 1113). Capitolina, no início, apresenta-se também diante de Bento Santiago como uma deusa, fêmea poderosa e sensual, cheia de mistérios e sabedoria oculta. Se a protagonista alencariana era conhecida como "*Iracema, a virgem de lábios de mel*", a heroína

---

2 *Brás* em português.

machadiana poderia ser também chamada de "Capitolina, a deusa de olhos de ressaca". Portanto, ambas divinas, uma por sua relação com a natureza em estado selvagem, a outra, além de seu abraço. Só assim podemos entender esse comentário do narrador e protagonista, já convertido em *Casmurro*:

> Ainda há pouco, falando dos seus olhos de ressaca, cheguei a escrever Tétis; risquei Tétis, risquemos ninfa; digamos somente uma criatura amada, palavra que envolve todas as potências cristãs e pagãs (2008, 1: 967).[3]

Essa mulher de nome Capitolina é comparada à Titânide que se uniu ao Oceano para dar à luz a todos os rios do mundo. Entretanto, não tardará a converter-se na Capitu de olhos dissimulados, de cigana, tal como a qualifica o agregado José Dias, personagem sibilina, de corpo inteiro, que acompanha os passos e está presente em todos os acontecimentos do casal. Nessa dupla denominação da protagonista já está implícita a duplicidade de opiniões que gera seu comportamento ante o primeiro narrador e depois diante de seus numerosos leitores que, indefectivelmente, dividem-se entre os que apostam na fidelidade marital ou decantam a infidelidade da protagonista: é uma deusa ou uma mulher fatal? Vestal ou adúltera?

Dom Casmurro encerra um século XIX pleno de heroínas de ficção, que apostam na liberdade de sua paixão amorosa, embora isso acarretasse gravíssimos riscos e, às vezes, lhes custasse a vida. De Emma Bovary à Madelaine Férat e de Anna Karenina à regente Ana Ozores, sem esquecer-nos das heroínas de ópera de quem Machado de Assis foi admirador: Norma, Carmem ou Manon. No Brasil, talvez o primeiro que soube moldar alguns perfis de mulher com certa autenticidade, apesar de esmaecidos por uma neblina romântica, foi José de Alencar. Mencionei Iracema, a virgem indígena, mas também poder-se-ia assinalar Lucíola, personagem do romance de mesmo nome, publicado em 1862. Lucíola é uma prostituta que se entrega a seus

---

3 Todas as citações foram extraídas da mesma edição. A partir de agora irão acompanhadas do número da página correspondente.

amantes para poder assim custear os gastos de sua família, pagar a educação de sua irmã menor e conseguir-lhe um dote que lhe permita uma existência sem os contratempos e os riscos que sua dissipada vida lhe ocasiona. Não há a menor dúvida de que se na Iracema alencariana houve influência da personagem de Atala, de Chateabriand, em sua Lucíola são vistos traços de Marguerite Gautier, a celebérrima *Dama das Camélias*, de Alexandre Dumas Filho. O que os escritores brasileiros procuravam, e seus leitores esperavam deles, era a criação de uma personagem feminina, que fosse também emblema da jovem nação americana. Capitu, com seu perfil sedutor, enigmático e misterioso foi a primeira grande heroína de romance plenamente brasileira. Em seguida, viriam outras como Diadorina, de João Guimarães Rosa, ou Gabriela, de Jorge Amado.

Talvez seja a viúva Lívia, de *Ressurreição*, romance publicado em 1872, a personagem que poderia remontar-se a Capitu na obra machadiana. Nessa narração propõe-se, como em *Dom Casmurro,* o problema do ciúme. Félix, personagem elegante, mas cheia de preconceitos, quer se casar com a viúva e, inclusive, marca uma data para a cerimônia. E, estando assim as coisas, recebe uma carta anônima – escrita por seu rival e, portanto, mal-intencionada e falsa, segundo nos indica o próprio narrador da história – em que Lívia é acusada de manter relações com outro ou outros amantes. A Félix lhe parece uma razão suficiente para desbaratar seus planos de casamento. Surge assim a grave contradição que atormentará Casmurro: a aparência, quando está revestida por sua roupagem social, é mais importante que a verdade dos fatos. Uma carta, escrita por vingança ou por inveja, pressupõe um risco suficientemente importante como para romper um compromisso matrimonial. Por outro lado, como assinala Lúcia Miguel Pereira (1988: 140), a protagonista Lívia, "em cuja figura já se percebia a volúpia tão freiada e tão forte do autor, não chegava, todavia, a ser uma mulher". O mesmo poderia dizer-se da protagonista de seu romance seguinte: Machado esforçou-se nos traços da figura de Guiomar, de *A mão e a luva*, de 1874, sem conseguir dar uma forma precisa e convincente a essa moça fria e calculista, obcecado por salvar as diferenças de classe. Tampouco Helena, do romance homônimo de

1876, Estela, de *Iaiá Garcia*, de 1978, o Lalau, do relato *Casa velha*, publicado em 1885, apesar de escrito com toda a probabilidade antes, têm a envergadura de um ser humano com a possibilidade de comover-nos. Todas essas mulheres, como acontecerá de algum modo com Capitu, desejam ascender de nível social mediante o matrimônio, alguma coisa que também ocorreu com seu autor, quem, apesar de ser filho de um descendente de escravos e uma emigrante portuguesa muito humilde, chegou a casar-se com uma dama de origem portuguesa. Como destaca sua biógrafa, Lúcia Miguel Pereira (1988: 156), Machado de Assis gostava de encarnar-se em personagens femininas quando queria contar fatos de sua vida ou purgar suas próprias culpas.

No relato breve, "A cartomante", de 1884, Machado apresenta um caso muito parecido com o de *Dom Casmurro*. Dois bons amigos, Vilela e Camilo, acabam por compartilhar a mesma mulher, Rita, esposa do primeiro e amante do segundo. A história tem um desenlace trágico: algumas cartas anônimas – como no caso de *Ressurreição* – fazem o marido desconfiar, abalar sua pretensa amizade e seu amor conjugal, e matar os dois. Talvez se Machado não tivesse escrito esse conto, Casmurro tivesse se visto na obrigação de matar Capitu. Mas então o romance não teria existido, rompido por um gesto dramático que todo leitor ou leitora da época esperavam. Era um lógico final da infidelidade de uma mulher legítima e um pouco natural num homem ferido em seu orgulho. Entretanto, Casmurro opta por concentrar-se em sua raiva e rever as mesmas lembranças querendo encontrar as provas de um delito ao que já estava dado seu castigo. Os homens podiam satisfazer seus desejos até onde fossem capazes de fazê-lo, mas não tanto as mulheres, que deviam ocultá-lo, inclusive de si mesmas, como ocorrerá com as protagonistas de "Uns braços", de 1885, e de "Missa de Galo", de 1894. Nesses contos, Machado narra duas cenas de intensa sensualidade feminina com uma ternura e compreensão dificilmente superáveis. No primeiro, já se anuncia uma das cenas mais significativas de *Dom Casmurro*: o poderoso atrativo de uns braços desnudos. No segundo, a sensualidade torna-se cada vez mais densa até envolver as duas personagens – uma mulher madura e um adolescente – e fazer-lhes esquecer de tudo. Em "Uns braços", a infidelidade se reduz a um beijo e em "Missa de Galo", a algumas vozes que se acariciam numa noite silenciosa. Em ambos os relatos descrevem-se mulheres a cujos maridos são incapazes de satisfazer. O clima emocional de *Dom Casmurro* já estava esboçado nesses contos, mas ainda faltava a personagem da mulher.

Nos chamados romances da segunda época, Machado tenta configurar uma protagonista veraz e crível. Virgília, em *Memórias póstumas*, é a amante sem complexos nem arrependimentos de Brás Cubas. Inclusive o narrador, que não é outro senão o morto memorioso, chega a suspeitar que seu marido tem conhecimento da infidelidade, mas olha para a outra parte, certamente por interesse. Virgília é descrita como uma mulher sofisticada, de grande beleza, com tanta capacidade de engano quanto atração. Por sua parte, Sofia, de *Quincas Borba*, está disposta a tudo desde que ascenda de nível social: seduz Rubião, dono de uma grande fortuna, e manipula seu marido, Palha, para conseguir seus objetivos. Capitu, Capitolina, herda de cada uma de suas antecessoras: no nome se parece com Lívia e Virgília, em seus desejos de ascender socialmente, com Helena e Sofia, na beleza de seus braços com Severina do conto "Uns braços", em sua sensualidade, que se pressente imensa como um oceano, a Conceição, de "Missa de Galo". Capitu tem alguma coisa delas, mas as supera em sua capacidade de sedução e em seu mistério.

Para começar, sua história não nos é contada por um narrador onisciente, mas por seu ex-marido. Capitu é a obsessão e a razão da escritura do libelo ou do caderno de recordações, que Bento/Casmurro escreve para explicar sua desgraçada vida e a decisão de expulsar a esposa e o filho de sua vida, e mandá-los para a Europa. Não é, portanto, um narrador imparcial: obviamente não pode ser indiferente ao que lhe acontece. Fala de lembranças e de suspeitas. Assim, pois, nos vemos obrigados a seguir sua interessada versão dos feitos para ter uma ideia da personalidade da mulher. A primeira coisa que nos conta é que descobre seu amor por Capitu quando escuta uma conversa na qual fala-se dele e dos riscos que pressupõe a estreita relação que mantém com a menina: "Com que então eu amava a Capitu, e Capitu a mim?"(942). Bento/Casmurro não será o primeiro em perceber seus próprios sentimentos, mas sim, que serão os demais que descobrirão por ele.

A própria Capitu terá que chamar sua atenção sobre os olhos de seu filho, que tanto se parecem com os do defunto Escobar. Casmurro aceita o que os outros lhe sugerem. Acha o que o agregado Luis Dias lhe conta acerca dos possíveis noivos dessa moça que irá tornar-se sua esposa, suspeita quando este chama o menino de "filho de homem", aludindo veladamente a que não é seu filho biológico, ou quando uma lágrima ocasional escorre dos olhos de sua mulher ao contemplar o cadáver de Escobar. Dá a sensação de que Bento/Casmurro não faz nada por si mesmo. Em seu testemunho se apresenta mais como vítima ao invés do verdugo que finalmente acabará sendo. Podemos dizer de Capitu? Quem, como é? O narrador nos faz um conciso e escorregadio retrato. Descreve-nos inicialmente, no Capítulo XIII, uma Capitolina adolescente:

> Não podia tirar os olhos daquela criatura de catorze anos, alta, forte e cheia, apertada em um vestido de chita, meio desbotado. Os cabelos grossos, feitos em duas tranças, com as pontas atadas uma à outra, à moda do tempo, desciam-lhe pelas costas. Morena, olhos claros e grandes, nariz reto e comprido, tinha a boca fina e o queixo largo. As mãos, a despeito de alguns ofícios rudes, eram curadas com amor; não cheiravam a sabões finos nem águas de toucador, mas com água do poço e sabão comum trazia-as sem mácula. Calçava sapatos de duraque, rasos e velhos, aos quais ela mesma dera alguns pontos.

Mais tarde, no Capítulo XXXII, em uma citação já clássica, nos fala de seu olhos:

> Retórica dos namorados, dá-me uma comparação exata e poética para dizer o que foram aqueles olhos de Capitu. Não me acode imagem capaz de dizer, sem quebra da dignidade do estilo, o que eles foram e me fizeram. Olhos de ressaca? Vá, de ressaca. É o que me da ideia daquela feição nova. Traziam não sei que fluido misterioso e enérgico, uma força que arrastava para dentro, como a vaga que se retira da praia, nos dias de ressaca. Para não ser arras-

> tado, agarrei-me às outras partes vizinhas, às orelhas, aos braços, aos cabelos espalhados pelos ombros; mas tão depressa buscava as pupilas, a onda que saía delas vinha crescendo, cava e escura, ameaçando envolver-me, puxar-me e tragar-me.

Posteriormente, no Capítulo CII, já de recém-casada, lembra-nos o orgulho que seu novo estado lhe produzia:

> A alegria com que pôs o seu chapéu de casada, e o ar de casada com que me deu a mão para entrar e sair do carro, e o braço para andar na rua, tudo me mostrou que a causa da impaciência de Capitu eram os sinais exteriores do novo estado.

No Capítulo CV, descreve-nos a beleza de seus braços:

> Eram belos, e na primeira noite que os levou nus a um baile, não creio que houvesse iguais na cidade, nem os seus, leitora, que eram então de menina, se eram nascidos, mas provavelmente estariam ainda no mármore, donde vieram, ou nas mãos do divino escultor. Eram os mais belos da noite, a ponto que me encheram de desvanecimento.

Muito poucos dados, como se pode apreciar, para conhecer Capitu, que, como nos lembra o interessado narrador, no Capítulo LXVI, "usava certa magia que cativa". Sibilinamente, o narrador da história nos induz a pensar que o comportamento de sua mulher pode também ocultar sua traição. Conta-nos, entre outros fatos, que, em uma ocasião, vê-se obrigado a ir ao teatro sozinho, já que Capitu não se encontra bem. Quando regressa, preocupado e sem assistir ao final da função, encontra Escobar saindo de sua casa. Ante sua surpresa, o amigo se desculpa: vinha para assessorar sua esposa para investir suas economias e a sua mulher, curiosamente, havia sofrido todos os achaques. Antes, Capitu havia confessado a seu marido que se vira a sós com Escobar para tratar das economias que fazia com o dinheiro que lhe dava para as despesas da casa. Detalhes que podem ser justificados pela proximidade e amizade dos dois casais: Capitu e Casmurro, Escobar e Glória. Moram bem perto, tanto que o trajeto entre as duas residências, nos diz o narrador, se parecia com um "caminho de uso próprio e particular" (1049). Não há, portanto, razões para duvidar ou, se se quiser, tal camaradagem só poderia conduzir a uma confusão de casais. De fato, isso mesmo acontece com Dom Casmurro e Glória, embora se trate de um desejo rapidamente reprimido. Capitu é inocente ou é culpada? Tanto faz. Capitu, como uma moeda, tem duas faces. Poderia perfeitamente ser fiel ou infiel a seu marido. As duas opções são possíveis e estão na personalidade da heroína. A verdade dos fatos não interessa, o que realmente importa é a aparência, o que não se menciona, mas se sugere. Para falar a verdade, todo o romance é um jogo de insinuações, de olhos que veem sem serem vistos, que adivinham na escuridão, que dizem o que as palavras não podem ou não sabem dizer. *Dom Casmurro* poderia, inclusive, receber o título de "Olhares" seguindo esse jogo de visões segmentadas, subjetivas, parciais, esse intercâmbio de mensagens entre suas personagens por meio dos olhos. E entre todos os olhares, o de Capitu é especial por sua dualidade: olhos de ressaca ou esquivos, de cigana. Em todo caso, nós, leitores, nos sentimos presos numa rede de olhos que, com seus pegajosos olhares, nos imobilizam e nos deixam à mercê de uma poderosa aranha que acabará por devorar-nos: o mistério.

Para alguns críticos, como Roberto Schwarz, John Gledson ou Silviano Santiago, entre outros, com a desculpa de um enredo de infidelidades e ciúme, *Dom Casmurro* pressupõe uma crítica ao sistema patriarcal do chamado Segundo Reinado: uma sociedade hierarquizada, mas já em decomposição, composta dos senhores, os agregados, os servidores, os escravos e, a eles misturados, um grupo de classe indeterminada que aspirava a ocupar o poder econômico e político de uma aristocracia rural que, por outro lado, se sentia ameaçada e impotente ante os acontecimentos. Nessa sociedade de certa volatilidade e insegurança, cheia de contradições e falsas verdades, nos diz Silviano Santiago (2000: 39):

A dissimulação feminina é um dado que existe e existirá na sociedade que Machado descreve, e que pode ser observado em toda jovem que se enamora e deseja casar-se. É consequência de sua própria posição diante do homem, dentro da sociedade, e de modo algum pode ser tomada como exemplo de futura traição. A não ser, é claro, que se dê mais importância ao verossímil do que à verdade.

Capitu, portanto, é produto de seu tempo e de seu país. Sem dúvida. Mas como também apontava no começo deste artigo, é um dos mais significativos retratos que o romance do século XIX fez da mulher. Recordemos, nesse sentido, que *Madame Bovary*, publicada em 1857, pressupôs a ruptura da visão romântica de uma heroína romanesca. Também a figura de Capitu propõe um novo paradigma da figura feminina já próprio do realismo. Entretanto, se o que caracteriza a personagem de Flaubert é sua imaginação desbordada, em Capitu o que prima é o controle dos sentimentos e a astúcia. Emma é direta onde Capitu é ambígua. A primeira se apresenta como um livro aberto, mas, com certeza, não saberemos nada da segunda. Outro romance que Machado conheceria e do qual foram encontradas algumas semelhanças com o seu (Eugênio Gomes, 1967: 165-173) é *Madeleine Férat*, de Zola, publicada em 1868. Puderiam existir algumas coincidências ocasionais como é a semelhança da filha das personagens de Zola, Madeleine e Guillaume, com o antigo amante da mulher, Jacques. Mas é totalmente impossível que a menina seja biologicamente descendente deste último, já que aquele relacionamento havia concluído quando conheceu seu marido, Guillaume. Para resolver essa confusão, Zola traz à baila uma peregrina teoria de que se a mulher, no momento da concepção, pensa intensamente em outro homem, os traços genéticos que prevalecerão em seu futuro filho serão os da pessoa que parece possuí-la e não daquele que realiza materialmente com ela o ato sexual. Também se quis encontrar uma similitude entre ambos os romances no fato de que Escobar morreu afogado na Bahia da Guanabara, e ao personagem de Zola dado como morto em um naufrágio. Porém, com certeza, as condições ambientais e as personalidades das duas mulheres não têm nada em comum. Tampouco existem semelhanças entre Capitu e Luísa, de *O primo Basílio*, de Eça de Queiroz, de 1878. Em abril desse mesmo ano Machado publicou em *O Cruzeiro*, sob o pseudônimo de Eleazar, uma crítica do romance português na qual assinala a falta de credibilidade da protagonista e a pobreza de um romance, que se prolonga desnecessariamente quando apenas se trata de um adultério que não deveria ter maiores consequências: "o drama existe, porque está nos caracteres, nas paixões, na situação moral dos personagens", afirma. Em *Dom Casmurro* parece inverter-se a situação: se se produzir um choque de caráter, e o adultério não deixa de ser uma anedota. De fato, nunca fica claro se teve ou não lugar.

São outros os possíveis paralelismos entre *Dom Casmurro* e *Ana Karenina*, de 1877. Se a origem social de ambas as protagonistas não é semelhante, nem a paisagem do Rio de Janeiro tem nada a ver com a de Moscou, se existe em ambos os romances o objetivo de criticar uma sociedade patriarcal e escravista em decadência. Karenina, possívelmente tão atraente quanto Capitu, tem uma nobreza moral que a induz a contar a seu marido sua infidelidade, alguma coisa que, se fosse certo, Capitu nunca confessaria. Tampouco o final poderia ser semelhante dada a disparidade de caracteres de ambas as heroínas. Provavelmente Machado não conheceu esse romance de tão longa gestação como o seu, como tampouco *La Regenta*, de Clarín, cuja última versão foi publicada em1901 apesar de seu primeiro volume ter aparecido uma década antes. É, pois, praticamente contemporânea a *Dom Casmurro*. Sem entrar em maiores detalhes, já que isso exigiria um novo artigo, podemos dizer que o naturalismo de Clarín tem mais a ver com o realismo machadiano que com o de Zola. De todo o modo, podemos dizer que supera o machadiano na obsessão pelo detalhe, de caráter quase impressionista, tanto das situações e paisagens anímicas quanto físicas. Entretanto, ambos os romances se parecem no que tange ao desenvolvimento de uma crítica mordaz – mais fina e sofisticada no caso do escritor brasileiro – da realidade social e humana de seu tempo. Ana Ozores, a Regenta, presssupõe, para a Espanha, a grande personagem feminina de seu século e também de grande parte do XX. A mesma coisa pode ser dita de Capitu no Brasil.

Para concluir, se Bovary não é apenas Flaubert, como também a França da restauração pós-napoleônica, como Karenina representa a Rússia decadente do final do czarismo, o romance *Dom Casmurro* retrata o Brasil de fins do Segundo Reinado de Pedro II. Um mundo de contradições e ambiguidades que só uma mulher como Capitu poderia representar: sincera e mentirosa ao mesmo tempo, sedutora, enigmática, sensual, inatingível. Talvez sejam esses mesmos adjetivos aqueles que o retrato de Lisa Gherardini, de Leonardo da Vinci nos provoca: a Mona Lisa. Seu sorriso é de complacência, irônica, triste ou alegre? Está grávida como parecem indicar seus braços cruzados sobre o ventre? Quem é? O que ocultam esses olhos rasgados? Como aproximar-se a essa imagem vaga, esmaecida, sedutora em sua imaterialidade? A impressão que nos dá essa dama renascentista se parece com a que nos inspira Capitu: real, mas inalcançável, distante em sua proximidade, incerta, tão verdadeira quanto um símbolo, como uma sombra que se escapa de nós, como a vida. Por acaso não é esta última dualidade em cada uma das situações nas quais se apresenta? Não aceita a vida infinidades de visões e pareceres? Portanto, por que não poderíamos chamar de Gioconda brasileira essa dama carioca, a quem o bruxo ou sábio, que foi Machado de Assis, soube pintar com paciência e dignidade?

Referências bibliográficas

Barco, P. del. "Introducción a la edición española de *Don Casmurro*". Madrid: Cátedra, 1991.

Bosi, A. *Machado de Assis. O enigma do olhar*. São Paulo: Ática, 2003.

Caldwell, H. *O Otelo brasileiro de Machado de Assis* (*Um estudo de Dom Casmurro*). São Paulo: Ateliê Editorial, 2008.

Fagundes Telles, L.; Salles Gomes, P. E. *Capitu*. São Paulo: Artium, 1998.

Gledson, J. *Machado de Assis:* impostura e realismo (Uma interpretação de Dom Casmurro). São Paulo: Companhia das Letras, 2005.

Gomes, E. *O enigma de Capitu*. Rio de Janeiro: Livraria José Olympio Editora, 1967.

Machado de Assis, J. M. *Obra completa em quatro volumes*. Rio de Janeiro: Nova Aguilar, 2008.

Miguel Pereira, L. *Machado de Assis*. São Paulo: Edusp, 1988.

Pinheiro Passos, G. *Capitu e a mulher fatal* (*Análise da presença francesa em Dom Casmurro*). São Paulo: Nankin Editorial, 2003.

Proença Filho, D. *Capitu. Memórias póstumas*. Rio de Janeiro: Artium, 1998.

Sabino, F. *Amor de Capitu*. São Paulo: Ática, 2008.

Santiago, S. *Uma literatura nos trópicos*. Rio de Janeiro: Rocco, 2000.

Schprejer, A. (Coord.). *Quem é Capitu?* Rio de Janeiro: Nova Fronteira, 2008.

Schwarz, R. *Duas meninas*. São Paulo: Companhia das Letras, 1997.

Seixas Guimarães, H. de. *Os leitores de Machado de Assis*. São Paulo: Edusp, 2004.

Espelhos e marcos narrativos em Machado de Assis

María Isabel López Martínez
Universidade de Estremadura

~

Já desde os primórdios da literatura comparada, chamaram a atenção os elementos capazes de saltar fronteiras espaciais, temporais e linguísticas. Trata-se de constantes, sujeitas paradoxalmente a múltiplas modulações, as quais mostram algumas afinidades que servem de nós nas redes gerais de codificação artística e, ao mesmo tempo, descobrem os traços genuínos de cada escritor. Às vezes, reiteram-se na produção de um mesmo autor e acabam revelando as âncoras de suas preocupações. Apesar desses elementos formadores afetarem diferentes níveis das obras, nas páginas subsequentes o interessante é o valor que Joaquim M. Machado de Assis confere em seus contos ao motivo do olhar no espelho, de ampla trajetória nas línguas ocidentais e com uma incidência constatada na narrativa europeia do século XIX (Hugo, Dumas, Flaubert, Tolstoi, Galdós, Clarín...) que não evita a língua portuguesa. A respeito desta, o motivo exige singular relevância em *Primo Basílio*, romance que Machado de Assis conhece bem porque lhe dedica uma crítica na revista *O Cruzeiro* em abril de 1868, a que o próprio Eça de Queiroz responde em uma carta particular selada em Newcastle, em junho do mesmo ano (Ribeiro, 2010: 58).

Nas letras em geral o espelho apresenta múltiples funções: revela o narcisismo; permite que as pessoas se contemplem da maneira que olhariam os demais e atuem para atrair ou para enganar; é umbral para penetrar nas profundezas do ser; facilita a reflexão sobre a identidade em processo; simboliza o mistério, o mal e a morte, assim como o descobrimento da personalidade e da alegria...¹ Por sua vez, nos relatos de Machado de Assis o motivo do olhar no espelho é um veículo de indagação no limite entre a realidade e os mundos paralelos do sonho, o mistério, a fantasia ou a criação artística. Apesar de suas propostas guardarem ecos românticos, antecipam a surpresa que trará a estética de princípios do século XX e, inclusive, se coordenam com a atração simbolista pelos contornos difusos. Em que pese isso, a herança racionalista que provém da instrução de Machado em letras francesas provoca a multiplicação de declarações de fé em tudo o que é perceptível sensorialmente e por isso necessita recorrer à dobradiça da ironia para unir os dois polos.² Estamos diante de outra das facetas em que Machado de Assis, enigmático e bifronte, retém vozes do passado e avança rumo ao futuro; oculta um mundo estranho e original debaixo da neutralidade de suas histórias, jogando a ambiguidade³ por onde quer que seja. Surte efeito a frase final de seu conto "Trio em lá-menor": o castigo em busca da perfeição é oscilar eternamente entre dois astros incompletos".

"O espelho", relato publicado na coleção *Papéis avulsos* (1882) contém um subtítulo, "Esboço de uma nova teoria da alma humana", que dá pistas sobre a função prioritária desse objeto para a introspecção. Segundo norma de Machado e do Realismo, a princípio se delineia o tempo e o espaço em que

---

1 Para o itinerário da versão do motivo centrada nas protagonistas femininas ante uma situação sensual, v. López Martínez, 2008.
2 As referências à literatura, ao pensamento e à história da França são múltiplas nos contos de Machado. Junto aos clássicos greco-latinos, às letras inglesas, ao *Quixote*, à Bíblia e, evidentemente, aos escritores em língua portuguesa, são os pilares de sua formação, que não hesita em remover pela ironia em mais de um caso. Por exemplo, Machado menciona as preciosas de Molière (p. 7) e Rochefoucauld (p. 13) no conto "Miss Dollar" (p. 7); Napoleão em "O alienista" (p. 77) e em "Teoria do fgurão" (p. 85), onde se alude igualmente a Voltaire (p. 91). Em "O empréstimo" inclui citação de Talleyrand diretamente em francês (p. 125), em "A igreja do diabo" menciona Rabelais (p. 156), em "Mariana", Lamartine (p. 223) e em "Missa de Galo", Dumas (p. 238). As citações anteriores e as subsequentes de todo o artigo relativas ao autor provêm de Machado de Assis., 1978.
3 É comum assinalar a ambiguidade de Machado. Cf. Candido (1991: 122-135). Lembrando a importância de Machado como leitura de juventude, escreve Nélida Piñon: "Meu pai tinha certeza de que aquele narrador seria capaz de alertar-me dos indícios ambíguos que, presentes no ser humano, davam espaço para as pistas errôneas da realidade, de prevenir-me quanto à natureza de meus sentimentos, em geral nem sempre acorde com nossos interessses", "O brasileiro Machado de Assis", em A. Rivas Hernández (2010: 12).

se desenrola a trama. A cena se situa em uma tertúlia noturna de cavalheiros que, reunidos em uma casa com endereço consignado para dar credibilidade de crônica aos fatos, debatem sobre assuntos tão transcendentes quanto a natureza da alma. Com uma técnica de *travelling* na apresentação das personagens, o foco acaba centrando-se em Juan Jacobina. A princípio surge um narrador testemunha que só chama a atenção para o exterior e depois vai introduzindo-se no interior do ser, com uma modificação da estratégia que aguça o interesse sobre o protagonista da aventura que este contará com homodiegese. Machado regateia com as convenções do século XIX, sobretudo apostando pela proliferação de narradores, as mudanças destes e os jogos de criação de marcos que aportam profundidade de caixas chinesas entre níveis ficcionais.

Atendo-se aos estratos superpostos já operativos em *As mil e uma noites*, em *O Decamerão* e no *Livro de Patrônio* e *O conde Lucanor*, Jacobina informa sobre um acontecimento autobiográfico de sua juventude que reforça uma chamativa e irônica tese: a existência de duas almas em cada indivíduo e, delas, a "alma exterior" aloja a obsessão particular de cada ser. Para exemplificar, isso vai ao encontro de seres históricos e literários: para o mercador de Veneza a alma exterior são seus ducados, para Camões, é o amor à pátria, e para César e Cromwell, o poder. Recorrer à *auctoritas* para reforçar um argumento estranho, particular e inclusive um ponto estrambótico, traça a distância humorística, pois ilustra avatares consuetudinários e quebra o decoro ciceroniano.[4] Por isso e pela distância temporal do caso, o leitor resiste a levar a sério o relato centrado em um fato juvenil acontecido quando Jacobina foi nomeado alferes da Guarda Nacional. O uniforme e a patente militar, com ofício ainda não exercido e a ponto de que tudo se reduza a mera empáfia, convertem-se em uma obsessão que o espelho, canal da vaidade, colocará em relevo. Confessa o protagonista:

---

[4] Um caso palpável se encontra no conto "Miss Dollar", onde os cães recebem o nome de uma verdadeira galeria de homens ilustres: Diógenes, César, Nélson, Cornélia, Calígula...

> Era o *senhor alferes*, não de brincadeira, mas sim a sério, e diante dos escravos, aqueles que naturalmente também acabaram chamando-me assim. Na mesa eu tinha reservado o melhor lugar, e era o primeiro a ser servido. Não podem imaginar isso. Se lhes disser que o entusiasmo de tia Marcolina chegou a ponto de colocar em meu quarto um grande espelho, obra rica e magnífica, que destoava do resto da casa, cujo mobiliário era modesto e simples... Era um espelho que lhe dera a madrinha, e que esta herdara de sua mãe, que o comprara de uma das fidalgas vindas com a corte de Dom João VI em 1808. Não sei o que havia de verdade nisso; mas era o que se comentava (p. 140).

Jacobina descreve com detalhe o objeto, que era "todo velho, mas bom", insistindo em sua origem misteriosa. A fatuidade do jovem faz prevalecer nele o alféres – alma exterior – sobre qualquer outro traço espiritual. As pinceladas de mistério afloram quando é abandonado na fazenda de sua tia e passa sozinho longas noites escuras. Sai do isolamento por meio do sonho em que vestia o uniforme e era admirado, e finalmente pelo espelho que dissocia o ser e cria um receptor que dá sentido à vaidade, ainda que este companheiro seja a mesma personagem em um ato narcisista. Com a técnica de partir do geral para o particular, a princípio Juan Jacobina não se olha porque sente "um temor a encontrar-me um e dois"; em seguida, a imagem refletida é difusa e só quando se enfeita com o uniforme militar surge a figura íntegra.[5] O espelho permite ao contemplado reconhecer-se, objetivar sua obsessão e, uma vez definida a identidade, apreender aquilo que o rodeia e suportar a solidão porque existe já um prédio fictício. O escritor brasileiro aduz que o conhecimento próprio e o acesso ao mundo necessitam de um receptor, pois as ações de *per si* não servem se não forem observadas por outro. O poeta espanhol de igual sobrenome sentenciava: "O olho que vês

---

5 Lemos: "não faltava nenhuma linha, não havia nenhum contorno esmaecido; era eu mesmo, o alféres, que encontrava, por fim, a alma exterior. Essa alma que se havia ausentado junto com a dona da chácara, dispersa e fugitiva como os escravos, ali estava recomposta no espelho".

não é / olho para que tu o vejas, / é olho porque te vê". Entretanto, pulsa do mesmo modo a condenação pela vaidade, só possível ante alguém para quem o sujeito convencido se mostre.⁶

No conto, Machado segue a linha da tradição de uso do motivo que considerava o espelho um instrumento útil para a indagação na psicologia da personagem, que se vê desdobrada. Entretanto, ao contrário de Jane Eyre, Ana Karenina, Fortunata, Luísa, Emma Bovary ou Pepita Jiménez, Jacobina cria um mundo de ficção com o mercúrio, que manifesta sua complacência na beleza e, por sua vez, é via de escape ante a solidão. O desdobramento da imagem que provoca a existência de um ser *real* (apesar de ser obviamente de papel, fictício quanto ao literário) e outro com indícios de virtual, o refletido, leva ao problema do duplo, lugar-comum de vasta bagagem literária que, quando se relaciona com o espelho, tem sido interpretado como uma expressão do temor do homem à morte. O *eu* real sente-se ameaçado e opta por configurar um *alter ego* que funciona como uma constelação simbólica e que remete em última instância à alma imortal.⁷ Nesse sentido, funciona o motivo do espelho nesse conto de Machado, embora talvez roce também a tese do duplo como divisão do ser no lado bom e no ruim em luta, que tantos vestígios deixou na literatura e especialmente na anterior a Machado e na contemporânea.⁸ Recordemos a afluência do motivo do duplo *sensu lato*, isto é, com amplitude de articulações (o espectro, o gêmeo, o retrato...) no Romantismo, especialmente em autores como Hoffmann e Poe, e no Realismo em obras como *O duplo*, de Dostoiévski, *O Horla*, de Maupassant, *O estranho caso do Dr. Jekyll e do Sr. Hyde*, de Stenvenson, ou *O retrato de Dorian Gray*, de Wilde.⁹ Em "O espelho", outra das modulações machadianas a respeito da

---

6 A crítica aduziu que Machado afirma a "teoria do papel social como formador da percepção e da consciência" (Bosi, 1978: XXIII). Entretanto, o distanciamento irônico com o qual percebe as personagens sujeitas à aparência dá a entender também que condena essa teoria.
7 Otto Rank (1976). Entre outros, abordaram o problema do duplo Dolezel (1999: 159-175) e Bargalló (1994).
8 V. Frenzel, E. (1980). Constata-se a constância do motivo em Molina Foix (2007).
9 Isabel Paraíso (2009) cita essas obras quando estuda a vinculação do duplo com as teorias de N. Frye.

tradição consiste em selecionar uma personagem masculina, em lugar das habituais mulheres que se contemplam. Assim agia Lampedusa com el Príncipe Salina ou Valera com dom Paco, o apaixonado por Juanita, a Comprida, mas enquanto esses seres buscam na lâmina o reflexo da idade para constatar a *vanitas* em um caso e para reforçar os restos de louçania no outro, o brasileiro insiste na construção de uma identidade imaginada, cujo pilar é a obsessão pelo enaltecimento vão e isso transborda coerência a respeito da "poética" machadiana.

Porque a obsessão que polariza a existência é perene nas personagens dos contos de Machado; às vezes, os relatos cenografam com palavras a relevância dessas atrações irrefreáveis que substituem o antigo destino, mas que são divisadas a partir da distância irônica. O paradigma é "O alienista", conto cujo título alude ao médico que persegue, chama de louco e enclausura na Casa Verde qualquer pessoa que apresente sinais de obsessão. Com toques burlescos, Machado recorre aos clássicos também "pacientes" dessas obsessões ou "loucos": "Sócrates, que dizia ter um demônio familiar; Pascal, que via um abismo à sua esquerda; Maomé, Caracala, Domiciano, Calígula etc., uma avalanche de casos e pessoas com as quais entremesclavam-se entidades odiosas, e entidades ridículas" (p. 53). Em "O alienista", a obsessão definitória une-se com o olhar no espelho que extrai para o exterior o oculto no espírito quando o médico decide enclausurar a própria esposa acusando-a de "mania suntuária":

> Em plena noite, por volta de uma e meia, acordo e não a vejo [a esposa]; levanto-me, vou até o quarto de vestir, e a encontro provando os dois colares, alternadamente, diante do espelho, primeiro um, depois o outro. Era evidente sua demência; enclausurei-a de imediato (p. 75).

Aqui a complacência na beleza é desse modo uma função prioritária quanto ao motivo, que segue os trilhos do tópico ("espelhinho, espelhinho, quem é a mais bonita?" diz a madrasta da Branca de Neve). Entretanto, causa surpresa que essa ação, mais do que procurar um autojulgamento físico ou psicológico da mulher, como ocorre na narrativa em geral, serve para que julgue outra personagem, um receptor (o marido médico que é o verdadeiro louco) situado à maneira da figura velasquiana que abre a cortina ao fundo no quadro de *As Meninas*. O espelho não facilita operarem as armas de mulher, mas sim – como apontariam as teses feministas – ser indício para que o homem brinque com o destino desta, mesmo que seja a partir da demência.

A vaidade de Jacobina, a mania suntuária de Dª Evarista e inclusive a veleidade de uma coqueta que também se olha no espelho no conto "Dona Benedita. Um retrato" (p. 101-117) relacionam-se com os conteúdos de outro relato, "Teoria do figurão" (p. 85-91), que aborda a vacuidade do mundano; por sua concisão, pelas sugestões e pelo fino humor se sobressai em um dos apogeus do escritor brasileiro, que o conecta com o melhor Tchekhov. Um pai dá diversos conselhos ao filho que faz 21 anos, mas substitui o código de boa conduta pela maneira de ser um figurão, isto é, expõe-lhe a cartilha de *vitia* com a que alcançará o êxito e chegará a ser "grande e ilustre". É uma volta de 360° na literatura didática que conta com as figuras de um jovem e um conselheiro do tipo do *Livro de Patrônio* e *O conde Lucanor*, as *Cartas marroquinas* ou as obras de *usum delphini*, mencionadas no final, pois o desfecho de "Teoria do figurão" é um indício para *O príncipe*, de Maquiavel (p. 91).[10]

Se a "Teoria do figurão" proclama que o êxito nasce da aparência mais do que da verdade, alguma coisa conectada com a insubstancial jactância do protagonista de "O espelho", a presença dos outros para dar constância do próprio ser se aprecia também em "O segredo do Bonzo" (p. 118-123), onde aduz o protagonista:[11]

> Vocês têm de entender – começou ele – que a virtude e o saber têm duas existências paralelas, uma no sujeito que as possui, outra no espírito daqueles que ouvem ou contemplam. [...] Não há

---

10 O pai refuta a ironia e mostra-se a favor da burla. O autor tem opinião contrária, razão por que tornam a aflorar os efeitos de caixas superpostas de ascendência quixotesca.
11 "Teoria do figurão, "A sereníssima República" e "O segredo do Bonzo" foram denominados "a trilogia da aparência dominante", v. Bosi (1978: XIX).

espetáculo sem espectador. [...] Se uma coisa pode existir na opinião, sem existir na realidade, e existir na opinião sem existir na realidade, a conclusão é que das duas existências paralelas a única necessária é a da opinião, não a da realidade, que é apenas conveniente (p. 120).

Para reforçar a tese e dar o toque burlesco, narra-se a experiência de Diego Meireles, que cura uma doença das narinas cortando estas e substituindo-as por outras fictícias, razão por que os doentes caminhavam contentes e até assoavam o nariz. O episódio remete à velha história de origem oriental que Dom Juan Manuel reescreve em "Do que respondeu a um rei com os burladores que confeccionaram o pano". Chega até o conto "O novo traje do Imperador" que recopilou Hans Christian Andersen e também palpita no *Entremez do retábulo das maravilhas*, de Cervantes. De um lado, parece que Machado de Assis optaria por confiar só no perceptível sensorialmente e ri das teorias que defendem a existência de outras dimensões. De fato, em "O espelho" o próprio Jacobina, que conta sua estranha aventura e sua "redenção" ao forjar como Alice um mundo fictício através do espelho, curiosamente afirma: "Os fatos explicarão melhor os sentimentos; tudo são os fatos. A melhor definição do amor não vale um beijo da jovem apaixonada; e se bem me lembro, foi um filósofo da antiguidade que demonstrou o movimento em andamento" (p. 140). Mas essa premissa, que o positivismo do século XIX sustentava e que condicionou, inclusive, os trilhos estéticos do Naturalismo, se entrelaça com pressupostos de supremacia dos mundos ficcionais que se entrecruzam na vida das personagens e dão profundidade à sua existência.[12]

---

[12] No conto "O alienista", o médico advoga pela fé na experiência científica para curar os "loucos", mas ele mesmo é o verdadeiro louco, razão por que se produz a espiral quixotesca e o leitor volta a perturbar-se felizmente ante a apresentação machadiana de um mundo polimórfico no qual não valem propostas unitárias. O escritor discute os limites entre a realidade e o sonho, o ignoto ou os âmbitos criados pela arte. Em vários relatos, as ações que pressupõem uma inflexão na trajetória das personagens estão nimbadas pelo mistério onírico.

Mais de uma ocasião o espelho volta a representar esse umbral por meio do qual tem-se acesso a prédios diversos e ignotos, embora se mantenha o corpo na realidade. Na peça intitulada "Noite de almirante" (p. 164-169) desenvolve-se a história do marinheiro Deolindo, apaixonado por Genoveva, mas obrigado a partir. Ao regressar, presenteia a jovem com alguns brincos e imagina a noite de prazer que o aguarda, mas Genoveva foi viver com um vendedor ambulante. Sem qualquer sentimento de culpa, ela o recebe amavelmente e pede-lhe que lhe conte suas aventuras de viagem. Ser protagonista desses relatos (aqueles em que cabe a mentira) robustecerá a vaidade do amante frustrado, porque os mundos ficcionais, ainda que assentados na realidade, pressupõem reafirmação dos desejos e são perfeitas vias de escape. Machado de Assis rompe as expectativas do leitor, porque a atitude da mulher vai desarmando o irascível amante.[13] O foco situa-se em Genoveva e o leitor conhece os acontecimentos por intermédio dela, vaidosa que se olha no espelho e decide ficar com o presente. A prática de leituras e publicações em revistas femininas da época leva Machado a essas convenções dos folhetins: descrição detalhada de atitudes das mulheres, focos centrados nelas etc. (Bosi, 1978: IX). O estilo indireto livre enfatiza o papel central da coquete, também marcado pela reprodução quase condutista de seus movimentos antes de passar para o diálogo:

> E ele [o marinheiro Deolindo] que tanto enchia a boca com a palavra fidelidade, por acaso em algum momento havia pensado nos sofrimentos dela? A resposta dele foi meter a mão no bolso e tirar o embrulhinho que trazia. Ela o abriu, retirou as besterinhas uma por uma e por fim encontrou os brincos. Não eram nem podiam ser ostentosos; eram, inclusive, de mau gosto, mas brilhavam endiabradamente. Genoveva os apanhou, contente, deslumbrada, olhou-os de um e de outro lado, aproximando-os e afastando-os dos olhos, e no final os enfiou nas orelhas; depois foi até o espe-

---

[13] Para as surpresas e viradas mais violentas, ver a revisão do mito da gênese no conto "Adão e Eva" no qual os primeiros pais aparecem obedientes e só a ironia explica a realidade histórica.

lho, pendurado na parede, entre a janela e a porta para ver como ficavam. Retrocedeu, aproximou-se, virou a cabeça para a direita, depois para a esquerda, e a partir da esquerda para a direita. – Sim, senhor, realmente preciosos – disse ela, fazendo uma grande reverência de agradecimento – Onde você os comprou? (p. 167).

A respeito do modelo geral do tema do espelho, neste caso Machado faz pé firme na complacência, na beleza de uma mulher que, como tantas outras dos romances do século XIX, trama sutilmente enquanto se contempla (são antológicos os recursos de maquilagem de que se vale Pepita Jiménez para impedir que seu amado tome o caminho sacerdotal). Genoveva não acredita na ameaça de suicídio do marinheiro porque se mostrou diante do espelho e conhece a potência vital que o narcisismo dá, que nela aflorava da vaidade suntuária como em Dª Evarista, e no marinheiro brota da capacidade de contar e construir edifícios ficcionais. Este recriará ante seus companheiros sua grande "noite de almirante", completamente inventada. Jacobina sobrevivia ao sentir-se acompanhado por seu reflexo no mercúrio e por notar viva sua alma exterior que é a vaidade, enquanto Deolindo evita o infortúnio da infidelidade e as ilusões desfeitas também com a mentira ou pelo menos refutando a crua realidade. A indagação nesses âmbitos nebulosos é bastante comum no Realismo, talvez pela persistência da marca cervantina; aí está o "Galdós" de *El caballero de las botas azules* ou *Los abismos de estratos de Miau*.[14]

Passando para outro relato, Missa do Galo compendia os elementos formadores anteriores relativos à penetração em estados de semiconsciência (cochilo ou excitação pelo magnetismo sensual) que se vinculam ao olhar no espelho, mas enfatizando um contexto de ações proibidas e atrações condenáveis que costuma ativar o motivo sobretudo nos romances de adultério próprios do século XIX. O estudante Nogueira está hospedado na casa da senhora Conceição, habitualmente recatada e seca, mas na noite de Natal o entretém com uma conversa equívoca e sedutora:

---

14 *O cavaleiro das botas azuis*; *Os abismos de estamentos de Miau*. [N. E.]

Duas ou três vezes, pareceu-me vê-la dormir; mas os olhos, fechados por um instante, abriam-se logo, sem sono nem fadiga, como se ela os tivesse fechado para ver melhor. Em uma dessas vezes, creio que me surpreendeu extasiado com sua pessoa, e lembro-me que tornou a fechá-los, não sei se apressada ou lentamente. Há impressões daquela noite que me parecem truncadas ou confusas. Eu me contradigo, me confundo. Uma das que ainda tenho recentes é que, em um dado momento, ela que era apenas simpática, pareceu-me bela, belíssima. Estava de pé, com os braços cruzados; eu, por respeito a ela, quis levantar-me, ela não permitiu, pôs uma das mãos em meu ombro, e obrigou-me a permanecer sentado. Tive a impressão de que ia dizer-me alguma coisa; mas estremeceu como se sentisse um calafrio, virou de costas e foi sentar-se na cadeira, onde me havia encontrado lendo. Dali deixou os olhos passearem pelo espelho, que estava colocado sobre o canapé, e falou de dois quadros pendurados na parede. – Estes quadros estão ficando velhos. Já pedi ao Chiquinho que comprasse outros.

Chiquinho era o marido. Os quadros aludiam ao principal interesse desse homem. Um representava *Cleópatra*; não lembro o tema do outro, mas eram mulheres. Ambos vulgares; entretanto, naquele tempo não me pareciam feios. [...] Assenti, como que para dizer alguma coisa, para tentar sair dessa espécie de sonho magnético, ou seja o que for, que me paralisava a língua e os sentidos. [...] Fui até a rua e me encontrei com o vizinho que me esperava. Nós nos dirigimos à igreja. Durante a missa, a figura de Conceição se interpôs mais de uma vez entre o padre e eu; que isso fique por conta de meus dezessete anos (p. 241-242).

Além do fechamento ocular da mulher para transferir-se a estados supletórios à realidade e constatar a perturbação do rapaz, aparecem objetos de carga simbólica como o espelho e o quadro de Cleópatra que se ergue como uma representação de Conceição e, portanto, sugere a voluptuosidade misteriosa. É de certo modo um novo mercúrio, agora concretizado na pintura de tal forma que esta também reflete o sujeito e agora a porção obscura do ser, a sedução e o erotismo. Nesse ponto arraiga a inflexão machadiana na trajetória do tema, levada a cabo por uma *amplificatio* que provoca a superposição de objetos que reproduzem a "realidade". A mulher decide retirar a pintura para evitar a voluptuosidade, apesar de o narrador insistir em aspectos sensuais do físico a partir da perspectiva do rapaz.

O retrato como *alter ego* que se abstém com o passar do tempo, pois a arte fixa a imagem, é também um ponto central no conto "Mariana". Evaristo, que volta da Europa, vai visitar sua antiga amada e, enquanto espera ser recebido, olha a seu redor:

> Pendurado na parede, por sobre o canapé, estava o retrato de Mariana. Havia sido pintado quando tinha apenas vinte e cinco anos; a moldura, que um dia havia sido dourada, aparecia agora descascada em algumas partes e contrastava com a figura sonridente e jovial. O tempo não havia afetado sua beleza. Mariana estava ali, vestida à moda de 1865, com seus belos olhos amendoados e cálidos. Era o único alento vivo do quarto; mas lhe bastava apenas para infundir-lhe na decrepitude daquele ambiente o sopro da fugaz juventude. Foi grande a comoção de Evaristo. Havia uma cadeira em frente do retrato, onde ele foi se sentar, e ficou absorto na contemplação da beleza de outro tempo. Os olhos pintados olhavam também para os naturais, talvez surpreendidos pelo encontro e a mudança porque os naturais não tinham o calor e a graça do retrato. Porém, pouco durou a diferença; a vida anterior do homem restituiu-lhes a louçania exterior, e os olhos submergiram uns nos outros, e todos em seus velhos pecados.
>
> Depois, lentamente, Mariana deslocou o quadro e a moldura, e foi se sentar na frente de Evaristo, inclinou-se, esticou os braços sobre os joelhos e abriu as mãos. Evaristo lhe entregou as suas, e as quatro estreitaram-se cordialmente. Nenhum dos dois perguntou nada a respeito do passado porque ainda não havia passado; ambos estavam no presente, as horas havian deixado de correr, tão ins-

tantâneas e tão fixas que pareciam ter sido ensaiadas na véspera para essa representação única e interminável (p. 223).[15]

Apesar do diálogo direto, tudo acontece na imaginação de Evaristo, pois a voz do servente retorna a uma realidade em que Mariana só se dedica a cuidar do marido doente. Produz-se, então, o choque entre a imagem artística – e portanto ficcional, congelada – e a atual. O *dandy*, como outras personagens machadianas, inclina-se pela primeira (pela arte em lugar da natureza), embora implique engano e perda. Machado inclui esse relato de novo dentro de um quadro ficcional que ativa o tópico do grande teatro do mundo: um amigo de Evaristo convida-o para assistir a uma comédia sua, que foi um fracasso: "– Coisas do teatro – disse Evaristo ao autor para consolá-lo. Há umas peças que não se sustentam. Há outras, no entanto, que conseguem manter-se firmemente em cartaz" (p. 228).[16] Refere-se evidentemente à permanência de sua história de atração pela Mariana que, com uma ironia, a qual nesse caso transpõe as barreiras do narrador para assentar-se em uma personagem, parece ficção, pois é "uma peça" teatral.

Desse percurso pela expressão do tema do olhar no espelho ou o desdobramento no mercúrio particular, que é o retrato pintado, surgem sugestivas considerações. Em primeiro lugar, o espelho provoca a bifurcação do ser que se contempla, pois salva a identidade oculta e permite o eu real a funcionar como espectador de uma ficção narcisista que, entretanto, acompanha e vence a solidão, conforme acontece especialmente no relato

---

15 Machado insiste em que a arte vence o tempo, pois fixa o representado: "Todos os relógios da cidade e do mundo romperam discretamente suas cordas, e todos os relógios mudaram de profissão. Adeus, velho *lago* de Lamartine! Evaristo e Mariana haviam ancorado no oceano dos tempos. E então foram proferidas as palavras mais doces que jamais lábios de homem ou de mulher pronunciaram, e as mais ardentes também, e as mudas, e as desvairadas, e as suspirantes, e as de ciúme, e as de perdão" (p. 223).

16 A opção pelos territórios da imaginação e pelas projeções do espírito, que não necessariamente partem da realidade, aprecia-se com diafanidade no conto "Trio em lá-menor", história de Maria Regina que se debate entre dois amantes e fica sem nenhum. Procura duas estrelas no céu e as encontra dentro de sí e as reflete no exterior. Depois sonha com as duas estrelas e uma voz anuncia-lhe que o castigo pela procura da perfeição é oscilar eternamente entre dois astros incompletos.

"O espelho". Mas exerce, aliás, outras funções, como as encaminhadas para reforçar momentos de erotismo – sempre criados ambiguamente mediante sugestões – enquanto a lâmina brilhante pressupõe uma percepção própria que ajuda a ter constância do efeito que o corpo causa no ser amado ou seduzido. Tem se falado do simbolismo de personagens machadianas e de certos objetos, e é claro que o espelho ou o retrato esboçam esse halo simbólico enquanto representam a obsessão. Plasmá-la influi decisivamente no traçado das personagens, até converterem-se, às vezes, no ponto de partida para criá-las e organizar a trama. Aqui se arraiga a importância do tema, que supera o fato de ser mero muro semântico e afeta outros níveis: o material que incita a criação e a vontade construtiva.

O retrato substitui o espelho, já que como objeto de arte aporta *de per si* a dimensão ficcional, assim como vence o passar do tempo e "congela" a realidade. O espelho, a pintura, o sonho... constituem marcas dos mundos ficcionais nos quais submergem as personagens, às vezes com constância da "mentira" que implicam, mas como vias para escapar da ingrata realidade. Diante de tudo isso, poderíamos propor certas questões: É moralista Machado? Como se explica sua obsessão pela mentira já desde os *Contos fluminenses*? Mas a ficção pode ser considerada mentira? A obsessão pela máscara ou a fuga de prédios paralelos para a realidade funcionam, por sua vez, como um tipo de máscara não apenas para as personagens, como também para o próprio autor que, como se sabe, viveu uma existência um tanto anódina e submetida às solicitações sociais e, no entanto, optou por uma escritura, no fundo, perturbadora?

Referências bibliográficas

Bargalló, J. (Ed.) *Identidad y alteridad:* aproximación al tema del doble. Sevilla: Alfar, 1994.

Bosi, A. "Prólogo" a Machado de Assis. *Cuentos.* Caracas: Biblioteca Ayacucho, 1978.

Cândido, A. "Esquema de Machado de Assis (1968)". In: *Crítica radical.* Caracas: Biblioteca Ayacucho, 1991.

Dolezel, L. "Una semántica para la temática: el caso del doble". In: *Estudios de poética y teoría de la ficción.* Murcia: Universidad de Murcia, 1999.

Frenzel, E. *Diccionario de motivos de la Literatura Universal.* Madrid: Gredos, 1980.

López Martínez, M. I. *La mujer ante el espejo: un motivo literario y artístico.* New York: Edwin Mellen Press, 2008.

Machado de Assis, J. A. *Cuentos.* Caracas: Biblioteca Ayacucho, 1978.

Molina Foie, J. A. (Ed.). *Alter ego:* cuentos de dobles (una antología). Madrid: Siruela, 2007.

Paraíso, I. "Crítica arquetípica: la estructura demónica en el tema del doble". In: *RILCE*, monográfico *Visiones para una poética:* en el cincuentenario de Anatomy of Criticism de Northrop Frye, 25, 1, 2009, p. 69-81.

Piñon, N. "El brasileño Machado de Assis". In: A. Rivas Hernández (Coord.) *El oficio de escribir:* entre Machado de Assis y Nélida Piñon. Salamanca: Ediciones Universidad de Salamanca, 2010, p. 11-23.

Rank, O. *El doble.* Buenos Aires: Orión, 1976.

Ribeiro, M. A. "Paisaje con mujer(es) y sin mar de fondo (la literatura brasileña entre Machado de Assis y Nélida Piñon". In: Rivas Hernández, A. (Coord.). *El oficio de escribir:* entre Machado de Assis y Nélida Piñon. Salamanca: Ediciones Universidad de Salamanca, 2010.

METAFICÇÃO, FANTASIA E REALIDADE NOS CONTOS DE MACHADO DE ASSIS

Ascensión Rivas Hernández
Universidade de Salamanca

> *A realidade é o luto do mundo; o sonho é a gala.*
> Machado de Assis, *A Semana*, 1893.

São frequentes as referências literárias e metaliterárias na obra de Machado de Assis. O autor, homem instruído e versado na escritura contemporânea e clássica,[1] propunha, aliás, o ato da composição de uma forma consciente. Por isso, em suas obras reflete sobre assuntos como o conteúdo ficcional da literatura, o ponto de vista, a focalização narrativa, o valor do leitor na obra, a crítica ou as relações entre a ficção e a realidade, e tudo isso, amiúde, dentro de um estilo mordaz que o converte em um dos escritores mais originais de seu tempo.[2]

En *Memórias póstumas de Brás Cubas* (1881), Machado escreve seguindo o rastro de Sterne ou de Xavier Maistre, e prova ter lido com inteligência a

---

1   Afrânio Coutinho (1959: 18) resume assim as influências literárias de Machado de Assis: a) De concepção e técnica literária e estilo: clássicos portugueses, Camões, Frei Luís de Sousa, Sá de Miranda, Bernardim Ribeiro, João de Barros, Filinto e Bernardes; Garret; clássicos gregos e latinos; a Bíblia; Shakespeare, Cervantes, Rabelais, Montaigne; Merimée, Stendhal, Gauthier, Flaubert, Diderot, Daudet, Maupassant, Poe, Xavier de Maistre; b) Influências de humor: Cervantes e os ingleses Swift, Sterne, Dickens, Thackeray; c) Influências filosóficas: Pascal, Montaigne, Schopenhauer, *Eclesiastés*.
    Sobre a biblioteca de Machado, v. os artigos contidos na obra coordenada por Jobim (2001) e a "Introdução" do próprio Jobim (p. 11-19).
2   Apesar das referências literárias, da consciência ante o fato literário e das contínuas alusões ao narrador, o leitor de Machado de Assis não perde a sensação de realidade que emana de seus romances e relatos (Nunes, 1983: 15).

literatura inglesa do século XVIII. O romance está escrito com uma ironia[3] que não deixa indiferente o leitor, e com doses indisfarçáveis de cinismo que revelam um autor capaz de reinventar a realidade (Castro, 1999: 354), enquanto mostra de forma consciente os meandros do fazer literário. Do mesmo modo, o narrador de *Dom Casmurro*[4] (1899) se dirige às suas personagens, ou faz comentários explícitos sobre como realizou a escritura e como se vê obrigado a contar "a passos largos, capítulo sobre capítulo, pouca emenda, pouca reflexão, tudo em resumo" (1991: 246); e não treme a mão quando censura a falta de atenção dos leitores, ao afirmar que os assuntos importantes "devem ser inculcados na alma do leitor a custa de repetir" (1991: 139-140). Esses exemplos, espigados entre muitos, refletem um autor preocupado com o ato da escritura,[5] e o suficientemente lúcido e irônico como que para realizar seu trabalho com humor.

As primeias obras de Machado mantêm um estreito vínculo com o Romantismo literário. Assim em *Helena* (1876), a heroína tem todas as características das personagens desse período, desde a origem desconhecida e misteriosa,[6] até os acontecimentos que balizam sua vida, passando pelas incontáveis mostras de seu interesse pela leitura. No romance, aliás, aparecem múltiplas alusões à relação entre a realidade e a literatura. Entre elas, há referências a *Otelo* que tratam de explicar o comportamento da mãe de Helena, o que vincula ao romance com a passagem de *Dom Casmurro* na qual

---

3 Sobre a ironia de *Brás Cubas*, v. Castro (1999: 356). Na nota 33 de mesma página, recolhe bibliografíia sobre o uso machadiano da ironia em geral e aplicado a outras obras. Sobre a questão narratológica nesse romance, v. Nunes (1983); sobre as fontes do romance, Caldwell (1970: 94-115).

4 Sobre *Dom Casmurro* v. Gledson (1991) e Schwarz (1997).

5 Também se faz eco dessa preocupação Domício Proença (2010:126) quando afirma: "Machado de Assis vai dominando gradualmente a técnica narrativa ao longo de sua obra. Isso se faz presente tanto nos romances quanto nos contos. Trata-se de um criador consciente dos recursos de que se vale, fundados rigorosamente em sua formação, quase em suas leituras, digo".

6 "A origem da moça continuava sendo um mistério, e isso era uma vantagem grande, porque aquela obscuridade favorecia a lenda, e todos podiam atribuir o nascimento de Helena a um amor ilustre ou romanesco [...]" (p. 37). Sobre *Helena*, v. (1970: 49-61) Nunes (1983: 34-40) e Schwarz, (1992: 89-112). Sobre os primeiros romances de Machado, v. Miguel Pereira L. (1982: 349-353) e Nunes (1983:18-46).

a representação da obra de Shakespeare ilumina Bento sobre sua situação pessoal.[7] A literatura, nesse caso, a referência literária, esclarece o comportamento das personagens e explica sua forma de estar no mundo.[8]

Os contos, gênero difícil[9] no qual Machado costumava ensaiar suas "alquimias estilísticas" (Castro, 1999: 351), não apenas abundam em citações de obras escritas.[10] Aliás, o autor neles expõe o modo de contar, com as implicações teóricas que o fato comporta. Há nos relatos alusões a autores como, por exemplo, Gonçalves Dias ou Molière em "Miss Dollar"; Balzac em "O empréstimo"; Homero ou Rabelais em "A igreja do diabo" etc. De antemão, a lista não pretende ser exaustiva. Qualquer leitor de Machado conhece sua debilidade por esse tipo de referência, o que, na realidade, era um exercício de orgulho, e revela certa necessidade de exibir sua vastíssima cultura, precisamente por seus princípios difíceis, seu estamento social e sua formação autodidata.[11]

Aliás, há nos contos alusões, às vezes surpreendentes, à ficcionalidade da literatura, como ocorre no princípio de "O empréstimo",[12] ou à escassa importância que tem o narrador para uma leitora de argumentos – em "Noi-

---

7   Assim o explica Schwarz (1997: 15): "Em lugar de entender que os ciúmes são maus conselheiros e as impressões podem trair, Bento conclui de forma insólita: se por um lencinho o mouro estrangulou Desdêmona, que era inocente, imaginem o que eu deveria fazer a Capitu, que é culpada! A indicação ao leitor não podia estar mais clara: a personagem narradora distorce o que vê, deduz mal, e não há razão para aceitar a sua versão dos fatos".
8   Ocorre algo parecido em *Quincas Borba* (1891) quando se compara a loucura de Rubião com a de dom Quixote. Sobre *Quincas Borba* e *Dom Casmurro*, v. Caldwell (1970: 129-149).
9   O próprio Machado assim o considera em *Notícia da atual literatura brasileira - Instinto de nacionalidade*, segundo assinala Proença (2010: 99): "É gênero difícil, a despeito da sua aparente facilidade, e creio que essa mesma aparência lhe faz mal, afastando-se dele os escritores, e não lhe dando, penso eu, o público toda a atenção de que ele é muitas vezes credor".
10 Sobre a influência de outros contistas em Machado, v. Pasero (2000: 65).
11 Sobre as origens humildes de Machado e seus princípios autodidatas, v. Viana Filho (1984: 9-15) e Facioli (1982: 15).
12 O relato se inicia com algumas palavras que, se por um lado pretendem assinalar o caráter ficcional da literatura, por outro procuram dar caráter *real* à história narrada: "Vou divulgar uma anedota, mas uma anedota não no sentido genuíno do termo, que o vulgo incorporou às fábulas consideradas fictícias. Esta é verdadeira". Cito segundo a edição dos contos a cargo de Alfredo Bosi (1978: 124). Todas as citações são extraídas dali.

te de almirante"-,[13] ou comentários a propósito da função do narrador e o ponto de vista que revelam os conhecimentos teóricos do autor[14] e ilustram sobre sua consciência ante a escritura.

São vários os relatos em que Machado mescla a realidade e a ficção, às vezes sob a forma de jogo entre o sonho – ou o sonhável – e a realidade. Em alguns, esse jogo tem uma importância capital porque faz parte de seu sentido, como se fosse um elemento consubstancial do mesmo. É o que ocorre, por exemplo, em "A chinela turca", "O espelho", "Uns braços" e "Mariana",[15] como veremos ao longo deste trabalho. Todos eles, aliás, contam com um marcante caráter metaliterário, isto é, oferecem referências à literatura como parte integrante do conteúdo ou como assunto vinculado às personagens. E todos pressupõem, ao mesmo tempo, antecedentes do que, em meados do século XX, se denominaria "realismo mágico", porque mesmo sendo narrados a partir do realismo, há em suas tramas componentes que escapam à lógica do mundo real, e que podem enquadrar-se dentro do considerado "mágico" ou "fantástico".[16]

---

13 Ao comparar a situação de uma mulher que lê com fruição para terminar um livro, com a ânsia de saber de Genoveva quando ouve o relato de Deolindo, o narrador se pergunta "Que importa à grande dama o autor do livro? Que importância tinha para a moça o contador de aventuras?" (p. 168).

14 Em "Dona Benedicta. Um retrato" lemos o seguinte: "Eulália foi até à janela e deixou correr a vista pelo *campo*; e se lhes dissesse que com um pouquinho de tristeza nos olhos, acreditem-me que é pura verdade. Não era, é preciso esclarecer, a tristeza dos fracos ou dos indecisos; era a tristeza dos resolutos, aos quais dói de antemão um ato, pela mortificação que há de carrear para os outros e que, não obstante, juram para si mesmos que haverão de realizar, e o realizam. Aceito que nem todas essas particularidades podiam estar nos olhos de Eulália, mas por isso mesmo é que as histórias são contadas por alguém, que se encarrega de preencher as lacunas e descobrir o escondido. Que era tristeza, isso é alguma coisa certa; e que pouco depois os olhos sorriam ante um indício de esperança, tampouco é falso" (p. 106). Machado demonstra ter consciência clara de sua responsabilidade como narrador, inventando detalhes, preenchendo lacunas da realidade ou mostrando o que permanece oculto quando assim lhe interessa. A realidade, em que se fundamenta a ficção, é uma determinada, mas a tarefa do narrador dando origem ao que não se vê ou adotando uma determinada perspectiva para contar, são fundamentais para o literário e revelam de forma evidente seu caráter ficcional.

15 "A chinela turca" e "O espelho" pertencem ao livro *Papéis soltos* (1882); "Uns braços" e "Mariana", a *Várias histórias* (1896).

16 Como assinala Silvio Castro (1999: 329), referindo-se à obra machadiana, "o seu realismo não é o histórico, confinado à ortodoxia de escola, mas uma atitude diante da realidade expressa por uma concepção não comun da natureza".

"Mariana" é, sem dúvida, um dos melhores relatos de Machado de Assis. Está perfeitamente estruturado em três capítulos – apesar de sua brevidade – e conta com um argumento meditado e complexo que o leitor vai conhecendo de um modo fragmentário, porque a informação está sabiamente dosificada. De fato, uma simples leitura não é suficiente para compreender toda sua importância e seu sentido. Para isso contribui, de forma decisiva, a inversão cronológica da narração, cujo valor é, precisamente, o de entregar uma trama complexa sobre a qual o receptor deve refletir e que, ao mesmo tempo, deve ser organizada para ser compreendida.

O conto começa *in medias res*, quando Evaristo lembra Mariana, como um amor passado. A princípio, sabe-se que viveram uma grande paixão, mas tiveram de separar-se, e ele foi para Paris para esquecer. Dezoito anos mais tarde, volta ao Rio de Janeiro e tem curiosidade de saber que terá sido dela depois de tanto tempo. O carinho parece já esquecido, e o reencontro seria o de dois velhos amigos.

No primeiro capítulo vemos Evaristo em seu breve e programado regresso ao Brasil, e a frase que inicia o relato é, precisamente, uma pergunta sobre o paradeiro da mulher: "Que será da vida de Mariana?" (p. 221). Trata-se, sem dúvida, de uma interrogação que não se formula mediante um desejo prévio, mas sim da curiosidade que surge depois de despedir-se de um amigo. O leitor sabe, nesse primeiro capítulo, que Evaristo tem sua vida feita em Paris, para onde se foi em 1872 – a história principal tem lugar em 1890 – e que pouco a pouco foi perdendo os vínculos e o interesse em relação às suas origens, apesar da preocupação de um jornalista parisiense com a revolução do Rio de Janeiro, induzi-lo a viajar para o Brasil, a fim de conhecer *in situ* a situação política e social do país. É, de qualquer maneira, uma viagem com data marcada de regresso à Europa, porque quer voltar para a estreia de uma comédia no *Odeón*. Não tem vontade de ficar, porque já nada pode retê-lo no Rio. Mas o passeio pela cidade aviva o sentimento de saudade por Mariana, e surge certo interesse em voltar a vê-la. No final desse primeiro capítulo, o autor implícito consegue reavivar o interesse do leitor ao agregar nova informação sobre o ocorrido no passado, porque, como diz o narrador,

"[A] viagem de Evaristo à Europa não foi de prazer, mas de cura" (p. 222), ao que acrescenta:

> Agora que a lei do tempo havia realizado sua obra, que efeito produziria neles, quando se encontrassem, o espectro de 1872, aquele triste ano da separação que quase o deixou louco e quase a mata? (p. 222).

O encontro entre Mariana e Evaristo, na verdade, não acontece, ou melhor dizendo, ocorrem dois encontros: um na realidade, que é frustrante, e outro na imaginação, que é a reprodução de um terceiro realizado no passado, quando ainda se amavam. O interessante, em qualquer circunstância, é que em ambos os casos persiste a relação com a literatura ou o literário, mesmo com signo diverso.

Na verdade, Mariana atua ante seu antigo amante como se entre eles nunca teria existido uma grande paixão, o que a levou a um suicídio finalmente abortado e ele à beira da loucura e ao exílio parisiense. Quando Evaristo visita a casa da mulher, Xavier, o marido, agoniza. Mariana se comporta, então, com uma frieza que o conturba quase tanto quanto a lembrança do passado. Do mesmo modo, comovem-no o encontro com ela e a situação que observa: a luz escassa, o grande silêncio, o homem no transe da morte..., o que comprova, diante de Mariana, sua sensibilidade. A despedida entre os dois é glacial, e apesar de o amor de então ser apenas uma lembrança, Evaristo se surpreende com a extrema indolência da mulher[17] porque, como afirma o narrador:

> Inclusive, recentemente, na despedida, ele sentiu uma pontada, alguma coisa que entorpeceu sua palavra, que o privou de ideias e até das simples fórmulas banais de pesar e de esperança. Ela, no entanto, diante dele, não denotou a menor comoção (p. 226).

---

17 Veremos mais adiante que o narrador semeia algumas dúvidas sobre a sinceridade dessa apatia, no que pressupõe uma clara mostra do interesse de Machado em revelar os meandros, sempre complexos, do coração humano.

Ante semelhante indiferença, o autor implícito proclama a superioridade da arte sobre a natureza, porque só um retrato de Mariana, e não a Mariana real, é capaz de conservar, ao mesmo tempo, sua imagem física e seu espírito de então:

> E recordando o retrato da sala de estar, Evaristo concluiu que a arte era superior à natureza; o quadro havia guardado o corpo e a alma... (p. 226).

Após a morte do marido, um parente conta para Evaristo o grande amor que sempre havia unido o casal, o que, somado à falta de afeto de Mariana, faz-lhe sentir um grande despeito. E nisso se observa, uma vez mais, a relação que estabelece o autor implícito entre a vida e a literatura, a vida que, curiosamente, adota a forma da relação entre dois seres ficcionais. Nesse sentido, quando regressa à Europa e toma conhecimeneto do fracasso da estreia no *Odeón*, anima seu amigo com palavras que põem em relevo o vínculo entre la literatura e a realidade:

> – Coisas do teatro – disse Evaristo ao autor para consolá-lo –. Há peças que não se sustentam. Em compensação, há outras, que conseguem manter-se firmemente em cartaz (p. 228).

Evaristo compara, então, a tríplice negação de Mariana,[18] que considera uma obra mantida no tempo, com o teatro. Se, por um lado, o cinismo que pulsa em sua afirmação transparece a intensidade de seu despeito, por outro, a vinculação com o gênero teatral põe em relevo as dúvidas do aman-

---

[18] Mariana diz não a Evaristo três vezes, e esse fato é uma réplica da tríplice negação de Pedro. "Três vezes sincera" (p. 228), resume no final o protagonista do relato referindo-se a isso. Em *Memorial de Aires* (1908), o último romance de Machado de Assis, o narrador alude, de forma explícita, à negação bíblica na passagem onde se conjetura sobre uma tríplice negação de Fidélia, dentro de uma hipotética relação entre Fidélia e Osório: "Três vezes Pedro disse não a Cristo, antes de que o galo cantasse. Mas aqui não havia galo nem canto, mas jantar, e ambos não tardariam a ir para a mesa" (p. 55). Um exemplo a mais de referência literária na obra de Machado. Sobre *Memorial de Aires*, v. Caldwell (1970: 153-212)

te ante a sinceridade dela, ou pelo menos deixa entrever o mundo da ambiguidade machadiana. As palavras de Evaristo, são, apenas, uma manifestação veemente do desgosto, de seu sentimento de frustração ante a frieza da mulher? Ou, pelo contrário, com elas se quer estender a incerteza sobre os verdadeiros sentimentos de Mariana, como já ocorrera de forma paradigmática a propósito da possível infidelidade de Capitu[19] em *Dom Casmurro*?

O segundo encontro entre eles, cronologicamente o primeiro, tem lugar na imaginação, quando ele entra na casa após dezoito anos de ausência. Tudo permanece no mesmo lugar, mas o tempo estragou os móveis e outros utensílios. Somente o retrato de Mariana reflete tal como era aos vinte e cinco anos: a mesma formusura, a mesma vitalidade, a alma intacta. Inclusive é o olhar do quadro o que vivifica o da realidade, e são os olhos pintados na tela os que, ao terem sido capazes de reter o tempo, permitem Evaristo recuperar seus antigos sentimentos, animado pela lembrança do passado. O que ocorre depois – o encontro – tem lugar na imaginação daquele que contempla.[20] Ela desce da tela, ambos se dão as mãos e repetem uma cena de amor que já havia acontecido. O tempo se detém, então, e os amantes trocam "as palavras mais doces que os lábios de homem ou de mulher jamais pronunciaram, e as mais ardentes também, e as mudas, e as desvairadas, e as suspirantes, e as de ciúme, e as de perdão" (p. 223). E como dizem que ocorre no transe da morte, quando se lembram como em um filme os momentos cruciais de uma

---

19 Sobre o caso de Capitu, v. a reflexão de Schwarz (1997: 9-18) e a réplica de Alves Pereira (1999: 22-34, sobretudo 31-33). Schwarz considera que se torna impossível decidir se Ezequiel é filho, ou não, de Escobar, que essa ambiguidade é um dos pilares do romance e que a ideia de Bento ao escrever é condenar sua mulher (16). Para apoiar sua tese, reúne algumas palavras de Silviano Santiago (1978: 32) sobre o assunto: "Em resumo: os críticos estavam interessados em buscar a verdade sobre Capitu, ou a impossibilidade de se ter a verdade sobre Capitu, quando a única verdade a ser buscada é a de Dom Casmurro" (em Schwarz, 1997: 16). V. também Gledson (1991)

20 A descrição de situações imaginadas como se fossem reais, é habitual na narrativa de Machado. Em *Memorial de Aires*, por exemplo, Aires resume, já no final da obra, sua atração por Fidélia com estas palavras: "Não terminarei esta página sem anotar que me passou pela cabeça a figura de Fidélia tal como a deixei a bordo, embora sem lágrimas. Sentou-se em meu canapé e ficamos nos olhando um para o outro, ela desbordante de encanto e eu esforçando-me para desmentir Shelley com todas as forças sexagenárias que me restavam" (p. 172).

vida, em frente do retrato da Mariana jovem, Evaristo recupera um passado que pensava estar esquecido para sempre. O sonhável, aliás, permite o autor implícito mostrar pouco a pouco a história dos amores adúlteros, de modo que o leitor compreende, agora sim, os meandros da relação e os motivos de um final tão infeliz. O valor da imaginação aqui é extraordinário, e o é em um duplo sentido: só o sonho permite o reencontro e, aliás, possibilita, já no plano da diegese, a narração da parte nuclear da história. Parece claro que para Machado a fantasia supera a realidade porque é mais completa e permite o que na vida seria inviável. Somente ali os amantes se reencontram, o tempo se detém, a realidade se vivifica e são proferidas as palavras necessárias que a vida nega. E só daí se explica a parte fundamental da história: a infidelidade de Mariana e de Evaristo.

Também em "Uns braços",[21] o sonho é mais valorizado, porque é o único âmbito que permite o encontro amoroso. No relato conta-se a história de um adolescente, Inácio, que se apaixona por Dª Severina, a cujo marido ele serve como aprendiz, e da correspondência dela. A cena central acontece em um domingo,[22] quando ele sonha com um beijo no mesmo momento em que a mulher lhe dá. Aliás, na história observa-se uma relação expressa entre essa sequência, vinculada ao onírico, e à literatura, porque antes de ficar adormecido, Inácio está lendo um folhetim, e em sua imaginação se confundem as heroínas com sua namorada. A leitura converte-se na chave que abre a imaginação do rapaz, não só porque ao começar A história da princesa Magalona[23] as personagens femininas adquirem a imagem da mulher amada,

---

21 Sobre esse conto, v. Bosi (1978: xxxi-xxxii) e Rivas Hernández (2010: 43-47).
22 Para expressar a incomensurabilidade do fato e do sentimento concentrado nele, Machado situa a ação no domingo, e diz a respeito dele: "Não era apenas um domingo cristão; era um imenso domingo universal" (p. 183). ("Não era só um domingo cristão; era um imenso domingo universal" – Machado de Assis, 1997, II: 494-). A referência expressa o cristianismo, revela que os adjetivos que acompanham esse substantivo põe de relieve que a grandeza do que ocorreu situa essa jornada por cima do esplendor de um domingo qualquer. Porque esse dia foi *imenso*, isto é, infinito, ilimitado no tempo; e *universal*, ou seja, que o abarca todo e que se estende sobre todo o espaço. Os adjetivos, portanto, revelam o extraordinário significado da jornada para o protagonista.
23 Trata-se de uma história de origem medieval, distribuída em folhas de cordel, intitulada *História da princesa Magalona e seu amante Pierre*. Sobre as folhas de cordel no Brasil, v. Fachine Borges (1996).

como porque o livro o transfere a um estado em que é possível a fantasia, um pouco ao modo no qual os românticos se largavam em inumeráveis paraísos, embora de uma maneira menos artificial. Mas se no sonho de Inácio mesclam-se a realidade e a ficção, o mesmo ocorre na diegese, e para isso o narrador utiliza frases de sentido ambíguo que não deixam claros os limites entre uma e outra:

> Ao cabo de meia hora deixou cair o folhetim e fixou o olhar na parede, de onde, cinco minutos depois, viu sair a dama de seus cuidados. O natural era que se surpreendesse; mas não se surpreendeu. Embora com as pálpebras fechadas, completamente, a tenha visto surgir dali deter-se, sorrir e encaminhar-se para a rede.
> Era ela em pessoa; eram seus próprios braços (p. 183).

Na história, Dª Severina também se aproxima à rede onde dorme Inácio, e nesse momento mesclam-se o sonho – ou os sonhos – e a realidade, porque, como durante a noite ela havia sonhado com ele, seria bem possível que naquele momento "ele estivesse sonhando com ela" (p. 184), segundo diz o narrador. O sonho, isto é, a imaginação, a ficção, converte-se no lugar do encontro, no espaço que permite o que no estado de vigília não é possível. É, então, quando varia a perspectiva, e de Dª Severina, toda sentimentos e emoções, a narração passa a centrar-se no narrador onisciente, que olha por cima das personagens com uma visão mais ampla que engloba os dois. Só mediante essa mudança de enfoque é possível contar a mescla entre a ficção do sonho e a realidade, a simultaneidade de um beijo ao mesmo tempo vivido e imaginado:

> Que pena não podermos ver os sonhos uns aos outros! Dª Severina se tivesse visto a si mesma na imaginação do rapaz; se tivesse visto diante da rede risonha e de pé para depois inclinar-se, pegar suas mãos, levá-las até o peito, e ali, sobre ele, cruzar seus braços, os famosos braços. [...] Dois, três ou quatro vezes, a figura esmaeceu para aparecer em seguida, vinda do mar ou de outro lugar, en-

tre gaivotas ou atravessando o corredor [...]. E ao voltar, inclinava-se sobre ele, o pegava novamente pelas mãos e cruzava os braços sobre o peito, até que, inclinando-se ainda mais, cerrou os lábios e deixou-lhe um beijo na boca.

Aqui o sonho coincidiu com a realidade, e as mesmas bocas se uniram na imaginação e fora dela. A diferença consistiu em que enquanto a visão não se afastou, a pessoa real, mal consumado o ato, fugiu em direção à porta, envergonhada e temerosa (p. 184-185).

Como se lê no texto, ela o olha e o vê por fora enquanto ele sonha, e o narrador conta o que ocorre no sonho do rapaz, aquilo que a mulher não sabe. Inácio está sonhando com Dª Severina, a quem vê de pé, inclinar-se, pegar suas mãos, levá-las até o peito e colocar sobre elas os braços. É a imaginação, o que não pode perceber apesar de estar olhando-o. No final, Inácio imagina que ela lhe dá um beijo na boca, e é então quando, nenhum dos dois sem saber, a realidade e a ilusão coincidem. Os protagonistas ignoram tudo, e o leitor se converte em um observador indiscreto e privilegiado, o que o narrador lhe permite contemplar juntas as duas realidades. A única diferença é que, como no sonho os condicionantes sociais estão desinibidos, ela não se afasta, e o faz, sim, na realidade quando percebe que caiu na tentação do rapaz púbere. Por isso, o ocorrido tem um significado diverso para cada um dos dois. Para Inácio, que viveu isso no sonho, deixa uma lembrança gozosa, mas Severina, que viveu isso na realidade, se deixa levar por sentimentos de vergonha e de confusão. Ele, aliás, é um adolescente que não sabe quase nada da vida, enquanto ela, que está casada, sente-se culpada porque beijou-o de forma consciente e premeditada. Esses são os motivos pelos quais Inácio não compreende nem a mudança de atitude da mulher nem que o expulsem da casa, mas a sensação tornou-se para ele tão prazenteira que a lembrança daquele beijo o acompanhará sempre:

Não importa; levava consigo o sabor do sonho. E através dos anos, em outros amores, mais verdadeiros e duradouros, não encontrou nunca nenhuma sensação que fosse igual à daquele domingo, na *Rua da Lapa*, quando ele tinha quinze anos. Ele mesmo exclama às vezes, sem saber que se engana:

– E foi um sonho! Nada mais que um simples sonho!"(p. 185).[24]

O sonho, a ficção também descobre nesse relato seu valor extraordinário, porque ali não há obstáculos sociais que impeçam viver sem temor nem pesar. A realidade, pelo contrário, é imperfeita porque piora a vida ao não permitir o amor e o prazer. Uma vez mais, Machado de Assis sublinha a superioridade da imaginação, embora nela as situações amorosas não sejam vividas de forma plena.

Em "A chinela turca"[25] assistimos, de novo, ao jogo entre a ficção e a realidade, que se realiza dentro de um âmbito metaliterário e de devaneio ao mesmo tempo. O Major Lopo Alves visita o licenciado Duarte no momento em que está a ponto de sair para um baile onde se encontrará com sua noiva. Escreveu um drama e quer que Duarte lhe dê sua opinião. Algumas semanas antes, havia assistido à representação de uma peça "do gênero ultrarromântico" (p. 93), que é a que inspira a sua. O narrador censura severamente esse texto, e a crítica mencionada pelo autor implícito adquire caráter universal contra um período e um gênero:

> Nada havia de novo naquelas cento e oitenta páginas, a não ser a letra do autor. Em sua maioria eram, tanto as cenas quanto os caracteres, as *ficelles* e até o estilo, do tipo mais acabado do romantismo precipitado. Lopo Alves se empenhava em apresentar como fruto de sua invenção, o que não passava de ser mero adereço de suas reminiscências. Em outra ocasião a obra teria sido um bom passatempo. Havia já no primeiro quadro, que era uma espécie de prólogo, um menino roubado de sua família, um envenenamento, dois encapuzados, a ponta de un punhal e uma quantidade de adjetivos não menos afiados que o punhal. No segundo quadro

---

24 Como bem assinala Bosi (1982: 454) ao comentar esta frase, "[o] medo colou em ambos a máscara da inocência; protegeu-os do marido e protegeu-os um do outro".
25 Sobre este conto, v. Cravzow (1988: 144-147).

descrevia-se a morte de um dos encapuzados, que havia de ressuscitar no terceiro, para ser detido no quinto, e matar o tirano no sétimo. Além da morte aparente do encapuzado, aconteceia no segundo quadro o rapto da menina, já então uma jovem de dezessete anos, um monólogo que parecia durar o mesmo prazo e o roubo de um testamento (p. 94).

O julgamento de Machado sobre as obras epigonais do romantismo é feroz.[26] Nessa breve descrição censura a acumulação de lances, as personagens estereotipadas, a inverossimilhança, o não cumprimento da regra das três unidades, o estilo retumbante etc., e o faz por meio da metaficção, isto é, utilizando para isso uma obra inventada por uma de suas personagens. Mas a leitura desse texto, aliás, une-se ao enfado de Duarte porque não pode assistir ao baile, o que provoca uma situação onírica e disparatada, como se verá mais adiante.

Lopo Alves lê seu drama em voz alta, enquanto Duarte perde o fio e imagina ser o baile, Cecília, o ambiente, a música... Nada marca a transição dentro da diegese, e o relato continua assim:

> Voava o tempo, e o ouvinte já havia perdido a conta dos quadros. A meia-noite já havia soado há muito; o baile estava perdido. De repente, Duarte viu que o Major tornava a enrolar o manuscrito, se empertigava, se ajeitava, cravava nele uns olhos odiosos e maus, e deixava arrebatadamente a escrivaninha (p. 94).

A partir de então mudam o tom e as personagens do conto. A história começa a ter pinceladas absurdas, com indivíduos estranhos e situações inexplicáveis: um homem se apresenta em casa do licenciado, diz ser policial e o acusa do roubo de uma chinela turca muito valiosa. Levam-no de carro

---

26 Na opinião de Carlos Alberto Pasero (2000: 62), "a crítica teatral aqui encarna todo o campo literário e a partir dela o autor se livra da pesada carga de amaneiramentos de um romantismo ultracodificado de gosto massivo que fazia do enredo complicado, os sequestros misteriosos e os ocultos, molas de seu éxito".

a um lugar onde, depois de atravessar corredores, chegam a um salão muito elegante. Aparece um sacerdote e lhe informa que a chinela turca nunca havia sido roubada, e que tudo foi uma artimanha para levá-lo até ali. Ele, que percebe a incoerência, mas suspeita que tudo tem a ver com sua relação com Cecília, se desespera, enquanto os lances disparatados se sucedem. Finalmente, Duarte desperta e volta à realidade no momento em que o Major termina a leitura do drama.

Na passagem entre a realidade e a fantasia prevalece uma absoluta ambiguidade. O leitor suspeita que algo estranho ocorre não porque seja dito pelo narrador, mas sim porque percebe mudanças na história e nas personagens, e porque observa que a insensatez se assenhoriou da trama. É a literatura – nesse caso a leitura em voz alta – a que provoca o trânsito, e sobretudo é a acumulação de lances inverossímeis no drama, e o tédio e a frustração, o que estimula a perda do estado de consciência.

Há em "A chinela turca" três histórias que se confundem e se mesclam: a *real* (Duarte quer ir ao baile para encontrar-se com Cecília, mas não pode porque Lopo Alves lê para ele sua obra), a do texto literário do Major e a do sonho. Entre esta e a realidade há certa semelhança em alguns aspectos, o que permite relacioná-las e dar certa coerência ao sem sentido da primeira. Nas duas, fala-se de um possível casamento; a moça que aparece no sonho, aliás, se parece muito com Cecília: as duas são louras e têm olhos azuis, embora a onírica, como assinala o narrador, pareça extraída da expressão de um poeta:

> Não era uma mulher, era uma sílfide, uma visão de poeta, uma criatura divina (p. 98).

Ao igualar as duas protagonistas, Machado ridiculariza sua própria personagem, seu caráter romântico, porque também ela havia sido descrita com metáforas retumbantes e estereotipadas:

> [...] tinha os mais delicados cabelos louros e os mais pensativos

olhos azuis que este nosso clima, tão avaro em relação a eles, jamais tenha produzido (p. 92).

É um exemplo mais de metaficção, e com ele o autor implícito ironiza a própria escritura do relato. É como se dissesse, com deboche, que a moça do sonho é tão literária quanto a própria Cecília, e com isso havia tomado como brincadeira a relação entre a ficção e a realidade.

Nesse amálgama que tem lugar entre os diversos níveis da ficção, Duarte tenta explicar-se, dentro do sonho, o absurdo do pesadelo a partir da realidade, o que confunde o leitor que, diante da ausência de razões, fica preso em um jogo de espelhos onde o autor implícito não só mescla realidades, como também joga, aliás com as metáforas e com seus possíveis significados, como se observa no seguinte fragmento:

> Indolentemente, o jovem reclinou-se na otomana... Na otomana! Esta circunstância trouxe à memória do rapaz o princípio da aventura e o roubo da chinela. Alguns minutos de reflexão lhe bastaram para ver que a bendita chinela era agora algo mais que problemático. Cavando mais fundo no terreno das conjecturas, pareceu-lhe encontrar uma explicação nova e definitiva. A chinela era indubitavelmente pura metáfora; tratava-se de Cecília, a quem ele havia roubado, delito pelo qual seu já suposto rival queria castigá-lo (p. 96).

Contudo, o mais interessante é o título do relato. Surpreende que seja "A chinela turca", quando a menção desse calçado aparece de forma tangencial, e não na história principal, mas sim no sonho de uma das personagens. Mas com isso, Machado põe em relevo a importância que concede à parte imaginativa do conto, como se isso fosse precisamente o mais significativo. Sublinha-se, assim, o extraordinário valor do ficcional – do metaficcional também – que aparece corroborado nas últimas linhas da fábula por meio das palavras de Duarte:

– Ninfa,[27] doce amiga, fantasia inquieta e fértil, tu me salvaste de uma péssima peça com um sonho original, substituindo meu tédio por um pesadelo: foi um bom negócio e uma grande lição: tu me provaste uma vez mais que o melhor drama está no espectador, e não no cenário (p. 100).[28]

A fantasia, diz Machado, é importante, porque salva o homem de histórias atrozes e tediosas. A literatura se revela, mais uma vez, superior à realidade. Mas o autor, aliás, proclama aqui o valor tanto da leitura quanto do que lê e interpreta as obras. O leitor, e a seu lado a imaginação, é fundamental para que o exercício literário se complete, porque sem receptor, a literatura não é que careça de sentido, mas que nem sequer consegue seu objetivo último, aquele para o qual foi criada.[29]

Também em "O espelho"[30] – relato em que assistimos ao reflexo de uma dupla essência individual, a exterior e a interior – revela-se a preeminência do ficcional – representado pelo onírico – sobre o real, porque o sonho deixa escapar a alma interior da personagem, que pode viver livremente e sem impedimentos:

---

[27] Caldwell (1970: 125) reúne um texto publicado em *A Semana* onde Machado sublinha o valor das Musas: "*Long live the Muses! Those beautiful, ancient maids that do not grow old or ugly. They are the most solid thing there is beneath the sun*" (Em "A Semana", mar. 11, 1894, em Machado de Assis, *A Semana*, vol. II, Rio: Jackson, 1938).

[28] Sobre a importância do espectador para o espetáculo, Machado assim se expressa em "O segredo do Bonzo": "Se colocardes as mais sublimes virtudes e os mais profundos conhecimentos em um indivíduo solitário, alheio a todo contato com outros homens, será como se eles não existissem. Os frutos de uma laranjeira, se niguém gosta deles, não valem tanto quanto a urze e as plantas selvagens e, se ninguém os vê não valem nada; ou, em outras palavras mais enérgicas, não há espetáculo sem espectador" (p. 120).

[29] Curiosamente, é a mesma proposta de alguns teóricos da Estética da Recepção, que consideram prioritária a atividade do leitor sobre o sentido do texto. Wolfgang Iser, por exemplo, distingue entre o texto e a obra, ou entre o polo artístico e o polo estético. O *texto* ou o *polo artístico*, vinculado ao *cenário* da citação machadiana, tem a ver com as possibilidades potenciais de significado, e a *obra* ou o *polo estético*, vinculada ao *espectador*, com as interpretações que faz o leitor durante a leitura (Iser, 1987). A obra é mais que o texto, pois este se realiza quando se concretiza na leitura. Como assinala Iser, "a convergência de texto e leitor dota a obra literária de existência" (p. 216), apesar de Poulet já ter chegado à mesma conclusão quando afirmava que os livros só adquirem existência plena no leitor (cf. Georges Poulet, 1969: 54).

[30] Sobre esse conto, v. Bosi (1978: xxiii-xxv), Cravzow (1988: 158-160), Proença (2010: 105--106) e Rivas Hernández (2010b, 7-10).

> Quando eu dormia, era outra coisa. O sono me aliviava, não por ser, como vulgarmente se diz, irmão da morte, mas por outra razão. Creio que posso explicar assim esse fenômeno: o sono, ao eliminar a necessidade de uma alma exterior, deixava atuar a alma interior. Nos sonhos vestia meu uniforme, orgulhosamente, no seio da família e dos amigos, que elogiavam meu garbo, que me chamavam de alferes; [...]. Mas quando eu despertava, em pleno dia, a consciência de meu ser novo e único se desvanecia com o sonho, porque a alma interior perdia a ação exclusiva, e ficava submetida à outra que se obstinava em não voltar... (p. 142)

O curioso nesse caso é que Jacobina, o protagonista, vive no sonho; não é que sonhe nele, mas que, como sua alma interior fica livre e o estado onírico lhe possibilita ter outra natureza, isso lhe permite viver. A personagem, como tantas outras de Machado de Assis, não gosta da realidade pura e simples, tal como é reproduzida pelo espelho ou, o que é a mesma coisa, sua própria realidade. Porém, o uniforme de alferes e o sonho, revelam-lhe um *eu* interior que os demais valorizam e ensalçam, e tal fato lhe faculta para viver uma fantasia superior à realidade.[31]

A análise desses contos evidencia a superioridade que Machado de Assis conferia à ficção sobre a realidade, porque na ficção – ou em suas variantes o sonho ou a fantasia – criam-se mundos que a personagem – ou o narrador – organiza e controla, e somente nela é possível o que na realidade não o é, fundamentalmente o encontro amoroso, mas também a manifestação do *eu* mais íntimo e, já no plano da diegese, a explicação de elementos importantes das tramas. Nos relatos, aliás, Machado cria estâncias metaficcionais, porque em todos eles o considerado *real* é ficcional, e porque dentro da ficção há sempre outra, uma duplicação do mundo a partir da fantasia. Nesses contos, Machado não apenas mostra ser um extraordinário conhecedor da

---

31 Isabel Soler (2000: 68) o interpreta como signo de fragilidade do ser humano, que necessita de "símbolos materiais que o reafirmem e transcendentalizem sua existência".

alma humana,[32] de seus afetos e de suas contradições, como também se revela igual a um autor consciente ante o ato de narrar, e avezado às regras que o gênero impõe desde um ponto de vista narrativo. Tudo isso o mundo machadiano descobre – complexo, lúcido, reflexivo –, e manifesta a forma – também complexa, lúcida e reflexiva – na qual o autor esteve no mundo.

---

32 A esse respeito, v. A. Rivas Hernández, 2010a. Gomes (1982: 369) que aponta o seguinte: "As dissimulações do espírito ou da alma humana, propriamente, captava-as com extraordinária finura, quase sempre através daquele tipo de microrrealismo psicológico que, na literatura universal, encontrou em Cervantes e Shakespeare os seus mais sagazes intérpretes, um e outro inexcedíveis na arte de produzir efeitos excepcionais com o pormenor imprevisto ou simplesmente gravitativo, em determinado momento". Alves Pereira (1999: 32) também assinala o interesse do autor por incorporar os abismos da alma e da mente humanas a romances como *Dom Casmurro*.

Referências bibliográficas

Alves Pereira, R. "Dom Casmurro pré e pós: fraturas paralelas". In: *Fraturas do texto:* Machado e seus leitores. Rio de Janeiro: Sette Letras, 1999.

Bosi, A. "Situaciones Machadianas". In: Machado de Assis. *Cuentos.* Venezuela: Biblioteca Ayacucho, 1978.

_____. "A máscara e a fenda". In: Alfredo Bosi. *Machado de Assis.* São Paulo: Ática, 1982, p. 437-457.

Caldwell, H. *Machado de Assis. The brazilian master and his novels.* Berkeley/Los Angeles/London: University of California Press, 1970.

Castro, S. "Realismo e cosmovisão em Machado de Assis". In: Silvio Castro (Dir.) *História da literatura brasileira*, v.2. Lisboa: Publicações Alfa, 1959, p. 329-372.

Coutinho, A. *A Filosofia de Machado de Assis.* Rio de Janeiro: Vecchi, 1959.

Cravzow, R. E. *Four collections of short stories by Machado de Assis.* Michigan: Ann Arbor, 1988.

Fachine Borges, F. N. "Literatura de cordel: de los orígenes europeos hacia la nacionalización brasileña". In: *Anuario Brasileño de Estudios Hispánicos*, VI, 1996, p. 107-114.

Facioli, V. "Várias histórias para um homem célebre". In: Alfredo Bosi. *Machado de Assis.* São Paulo: Ática, 1982, p. 9-59.

Galante de Sousa, J. *Machado de Assis e outros estudos.* Rio de Janeiro/Brasilia: Cátedra/Instituto Nacional do Livro, 1979.

Gledson, J. *Machado de Assis. Impostura e realismo.* São Paulo: Companhia das Letras, 1991.

Gomes, E. "O microrrealismo de Machado de Assis". In: Alfredo Bosi. *Machado de Assis.* São Paulo: Ática, 1982, p. 369-373.

Iser, W. "El proceso de lectura: enfoque fenomenológico". In: José Antonio Mayoral (Comp.). *Estética de la recepción.* Madrid: Arco/Libros, 1987, p. 215--243.

Jobim, J. L. (Org.). *A biblioteca de Machado de Assis*. Rio de Janeiro: Topbooks e Academia Brasileira de Letras, 2001.

Machado de Assis, J. M. *Cuentos*. Venezuela: Biblioteca Ayacucho, 1978.

_____. *Quincas Borba*. Barcelona: Icaria, 1990.

_____. *Don Casmurro*. Madrid: Cátedra, 1991.

_____. *Helena*. Barcelona: Sirmio, 1992.

_____. *Obra completa (3 vols.)*. Afrânio Coutinho (Org.). Rio de Janeiro: Nova Aguilar, 1997.

_____. *Memorial de Aires*. Valladolid: Cuatro Ediciones, 2001.

_____. *Memorias póstumas de Blas Cubas*. Madrid: Alianza, 2003.

Miguel Pereira, L. "Confissões: os primeiros romances". In: Alfredo Bosi. *Machado de Assis*. São Paulo: Editora Ática, 1982, p. 349-353.

Nunes, M. L. *The craft of an absolute winner. Characterization and narratology in the novels of Machado de Assis*. Connecticut: Greenwood Press, 1983.

Pasero, C. A. "Machado de Assis, cuentista". In: *Cuadernos hispanoamericanos*, n. 598, abril, 2000, p. 53-66.

Poulet, G. "Phenomenology of reading". In: *New literary history*, 1, 1969, p. 53-68.

Proença Filho, D. "El cuento de Machado de Assis". In: *Revista de Cultura Brasileña*, n. 7, Nueva Serie, mayo, 2010, p. 99-129.

Rivas Hernández, A. "Amores imposibles (o retratos del alma humana) en tres cuentos de Machado de Assis". In: Ascensión Rivas Hernández (Coord.). *El oficio de narrar:* entre Machado de Assis y Nélida Piñón. Salamanca. Junta de Castilla y León: Centro de Estudios Brasileños, Universidad de Salamanca, 2010a, p. 39-55.

_____.<http://recife.cervantes.es/imagenes/File/conferencia%20sobre%20 Machado%20en%20BRASIL%20por%20la%20Doctora%20Ascensin%20 Rivas.doc.pdf>. Acesso em: 13 out. 2010.

Santiago, S. "Retórica da verossimilhança". In: *Uma literatura nos trópicos*. São Paulo: Perspectiva, [S. d.].

Schwarz, R. *Ao vencedor as batatas*. São Paulo: Livraria Duas Cidades, 1992.

_____. *Duas meninas*. São Paulo: Companhia das Letras, 1997.

Soler, I. "La lógica del instinto y el azar". In: *Cuadernos hispanoamericanos*, n. 598, abril, 2000, p. 67-72.

Viana Filho, L. *A vida de Machado de Assis*. Porto: Lello & Irmão editores, 1984.

Uma leitura comparada entre Machado de Assis e Unamuno no marco da Sátira Científica

Begoña Alonso Monedero
IES Venancio Blanco de Salamanca

Em dezembro de 1914, Miguel de Unamuno confessava, em uma breve carta dirigida a Sílvio Júlio, grande divulgador da literatura espanhola e hispano-americana no Brasil, o seguinte:

> Recebi, prezado Senhor, sua carta e os artigos que me envia. Obrigado. E obrigado também por suas promessas. É curioso que conhecendo como conheço tantos literatos hispano-americanos e portugueses – vou a Portugal amiúde – mal conheço autores brasileiros. O Brasil é um dos países de cuja vida intelectual menos sei. E o pouco que sei é por intermédio de meus amigos de Portugal e alguma coisa ou, muito pouco, graças aos argentinos. Aqui, na Espanha, a literatura brasileira não é mais conhecida que a romena, a búlgara ou a javanesa. É uma pena. Saudações de Miguel de Unamuno (Robles, 1996: 421).

Era a resposta a uma carta datada de 20 de outubro do mesmo ano, na qual o autor brasileiro convidava Unamuno a usufruir da literatura de seu país e lhe contava orgulhoso como havia conseguido trazer ao Brasil Salvador Rueda e fazê-lo conhecido entre escritores e estudantes.[1] Daquela época até hoje é possível que as distâncias entre uma e outra cultura tenham

---

1   Consultei o original da carta depositado na Casa-Museo Unamuno de Salamanca, com a referência CMU 25/159.

diminuído, mas não parece que seja coisa fácil. No que se refere a Machado de Assis, Antonio Maura diz que a distância do escritor brasileiro em relação à Espanha é um caso de "ignorância histórica", um "mal endêmico" (2010: 186). De modo que a aproximação que pretendo fazer desses dois autores, Machado de Assis e Miguel de Unamuno, em particular a partir de duas de suas obras, *O alienista* (1882) e *Amor e pedagogía* (1902),[2] creio que possa ser pertinente e interessante. É uma proposta de leitura em diálogo, desde o mais aqui do Oceano, com o fim de compensar a afirmação de que "Machado só pode ser pensado dentro do Brasil" (Rouanet, 2010: 72), e quer ser também uma aproximação simbólica que compense em alguma coisa o desconhecimento histórico que assinala Antonio Maura e que o próprio Unamuno lamentava em sua carta.

Não obstante, não se trata, ainda que como tal pudesse parecer em um primeiro momento, de um estudo da recepção do escritor brasileiro por parte do reitor de Salamanca, mas de uma análise interpretativa comparatista de duas obras que apresentam uma série de correspondências e contribuições como criações poéticas na diacronia de um mesmo marco genérico, ou da sátira. Como exercício de *intertextualidade genérica* (Martínez Fernández, 2001: 64), a perspectiva é, pois, a de "ampliar o rádio visual do olhar crítico" sobre o escritor brasileiro, como requer Rouanet (2010: 71), e de fazê-lo para conectar Machado de Assis com a tradição literária de nossa mudança de século. Uma leitura, portanto, em diálogo a partir do comparatismo, atendendo tanto aos paralelismos ou simetrias quanto aos pontos divergentes ou singulares nas estratégias expressivas dos dois escritores, que situe Machado de Assis dentro de uma tradição literária e no marco do pensamento ocidental da mudança de século, destacando a veia universalista de sua obra especialmente por seus traços formais e estritamente literários.

---

2   Citarei de acordo com as seguintes edições: *El alienista*, Barcelona: Fábula Tusquets Editores, 1997; *Amor y pedagogía*. Madrid: Espasa-Calpe, 1979 (11. ed.).

Superação do realismo

Machado de Assis e Miguel de Unamuno coincidem como narradores do final do século XIX e princípios do XX na consciência de estarem construindo uma nova forma de narração que deixa para trás o molde realista. *Amor e pedagogia* é considerada a primeira *nivola* de Unamuno, na qual já podem ser encontrados traços definitórios dessa nova narrativa que continuará em *Niebla* (1914). Coincide com uma época de crise, entre 1897 e 1902, de enfrentamento entre vida e razão que situam o autor no sarcasmo e na ironia, em dom Avito Carrascal (Arias Argüelles, 2002). Esse ano de 1902 marcaria o início de uma preocupação com a criação narrativa fora dos moldes do realismo, que G. San Juan (2002: 4) explica desta maneira:

> [Unamuno] Via com total lucidez e com a perspectiva desses trinta anos, que a partir de *Amor e pedagogia* havia deixado para trás o realismo, o romance de cenários concretos, de personagens de carne e osso, para abordar conflitos de consciência, guerras de ideias ou de paixões e todo um universo de símbolos... Romances atípicos em seu momento, os quais, como que fazendo um corte de mangas nos críticos, chamaria de nívolas.

A classificação da narrativa de Machado de Assis em relação ao realismo da época em que desenvolveu sua obra é também problemática. Em particular, sua obra contística abarca um período que vai de 1858 a 1907, uns duzentos textos, publicados em jornais, revistas e livros (Pasero, 2000: 54), que foram objeto de diferentess classificações. Para o caso de *O alienista* – publicado em *Papéis soltos*, em 1882 –, estaríamos no chamado "segundo Machado", isto é, "aquele que se inicia ao começar a década dos oitenta com o romance *Memórias póstumas de Brás Cubas*, e que tem seu começo no conto com *Papéis soltos*. É nesta segunda etapa quando Machado de Assis dá uma volta em sua narrativa e desdobra "uma ampla gama de recursos formais e temáticos de surpreendente atualidade estética".[3] É a partir da década de 1880 quando se produz em Machado esse "salto temático, estilístico e qualitativo" que chamou tanto a atenção da crítica e que se explica por uma reação antirromântica. Em geral, a evolução da narrativa machadiana, em seus contos ou em seus romances foi de difícil determinação. Isabel Soler (2000: 69) destaca sua conexão com o realismo e aponta "a influência de correntes deterministas"; entretanto, para Proença Filho, Machado "se afasta do determinismo característico do modelo realista dominante no último quarto de século [à medida em que]; as personagens machadianas estão longe de constituir vontades dominadas pelas forças insuperáveis do determinismo biológico, atávico ou social." (2010: 117). Na superação do realismo, Machado de Assis e Unamuno se encontram pela mão da atitude satírica, pois esta, como diz Frye (1991: 65), "começa no realismo e na observação desapaixonada", um passo mais além da observação neutra da realidade.

Loucos cientistas no marco da Sátira

Nossos dois autores, em simétrica querência cervantina, param para observar, respectivamente em seus relatos, o doutor Simón de Bacamarte e dom Avito Carrascal, personagens de ideias fixas, quanto à coisa científica se refere, que estão possuídos pela loucura da razão. Assim, Brás Cubas adverte que a ideia fixa "é a que faz os varões e os loucos" (p. 42) e também do perigoso dessa inclinação: "Deus te livre, leitor, de uma ideia fixa; antes uma viga no olho. Aí tens Cavour: foi uma ideia fixa da unidade italiana que o matou!" (p. 41). Ele mesmo reconhece ser vítima de uma ideia fixa, a do emplasto, que lhe aplicaram, ou melhor, penduraram-no no trapézio que tinha no cérebro (p. 39), e essa mesma ideia é a que o leva à tumba de onde escreve.

---

[3] *O alienista* entraria, para Sonia Brayner, dentro do tipo de "conto demonstrativo e de relativização textual", na linha da sátira menipeia para ilustrar uma ideia, ou "conto-teoria", segundo Alfredo Bosi, dentro dos "contos maduros de Machado", nos quais Alberto Pasero vê "uma linha ora de sátira, ora de paródia ou de antimimese" (Pasero, 2000: 56).

A presença do mundo das ideias é comum na obra dos dois escritores. Em Machado de Assis, há ideias "de duas caras", como a de Brás, e junto a ideias "aritméticas", podemos encontrar "ideias sem pernas ou sem braços", como em *Dom Casmurro*. No Unamuno de *Amor e pedagogia* deparamos com "ideias da ordem real", "ideias da ordem ideal", ou com todo um "enxame de ideias, ideiazinhas, ideítas, ideiotas, pseudo-ideias e ideoides" (pp. 48 e 82). Acerta Brás: nesse imbróglio de ideias e teorias, nossos protagonistas terminam, como Cavour, sendo vítimas de sua própria obsessão chamada ciência, seja ela a patologia cerebral ou a pedagogia sociológica.

Não são as únicas personagens com as quais seus autores arremetem contra o cientificismo ou o excesso de confiança no sistema positivista. São muitos os filósofos, e todo tipo de personagens intelectuais, os que transitam pelas páginas de nossos autores em atitudes que vão da ironia à paródia. Lembremo-nos de Fulgêncio Entrambosmares e seu *Ars combinatoria*, ou o "Humanitismo" de Quincas Borba. Alguns críticos como Barreto Filho, interpretam o *humanitismo* como uma sátira ao positivismo e em geral ao naturalismo filosófico do século XX (Cândido, 1991: 132). A personagem que o defende é o filósofo, Joaquim Borba dos Santos, outro louco, personagem secundária em dois romances, que emigra de um para o outro. Assim também agirá, por certo, dom Avito Carrascal, que salta em semelhante impulso metaficcional das páginas dessa primeira *nivola* para as de *Niebla* (1914). Junto ao *humanitismo* de Machado de Assis, entre os contos de Unamuno destaca "Dom Catalino, homem sábio" (1915), onde podemos ler o axioma de que "se o poeta é louco, o sábio, em compensação, é louco de cuia".

Em definitivo, a lista de filósofos ou cientistas e de seus sistemas de pensamento, aludidos explícita ou implicitamente, a sério ou de brincadeira, na obra de nossos autores é longa e demonstra uma inquietação de diálogo com su próprio tempo.[4] O leitor dessas obras (conto-teoria ou romance de ideias) pode perceber a coincidência em uma atitude, chamemo-la de filosófica, a sintonia em um modo de reagir ante o impulso avassalador dos sistemas

---

4 Para Machado de Assis, ver: Reale (1982) e o já clássico estudo de Coutinho (1940). Para Unamuno, v. Zapata-Calle (2009), Vauthier (2005), San Juan (2002) e Franz (1977).

racionalistas do século XIX. A paródia dessas personagens situa Machado e Unamuno paradoxalmente na mesma encruzilhada de um pensador, precisamente, Blaise Pascal, um dos filósofos de referência para ambos, segundo a qual "burlar-se da filosofia é também filosofar" (*Pensées* I, art. x, xxxvi). Como diz N. Frye, diante da atitude dogmática do filósofo, a atitude do satírico é pragmática: o satírico declara a futilidade das tentativas de sistematizar ou formular um esquema coerente do que fazem os homens (1991: 302).

O doutor Bacamarte, no entanto, pensa que "a Ciência é alguma coisa muito séria, e merece ser tratada com seriedade" (p. 73). Bacamarte e Avito Carrascal são cientistas muito sérios e com estreitos paralelismos. *O alienista*, "o maior dos médicos do Brasil, de Portugal e das Espanhas", cujo objetivo é estudar a loucura, a saúde mental dos itaguaienses extrair a "pérola" da razão do cérebro humano (p. 47) e estabelecer em Itaguaí o reino da razão (p. 117). Tudo isso de forma experimental. Casa-se com Dª Evarista aos quarenta, "nem bonita nem simpática" só porque reúne as "condições fisiológicas e anatômicas de primeira ordem", "para dar-lhe filhos robustos, sadios e inteligentes" (p. 24) e evitar "o risco de pospôr os interesses da Ciência à contemplação exclusiva, minuciosa e cotidiana de seu consorte." Todo o mundo em Itaguaí, incluído o poder político e eclesiástico, curva-se a seu sistema terapêutico ante o inflexível empenho de descobrir a verdade científica, e de chegar, como no último capítulo, com uma nova teoria, até "a última verdade".

Em dom Avito Carrascal, a ideia fixa, o objetivo científico, é ter um filho e fazer dele um gênio aplicando os princípios das teorias pedagógicas. Por isso, lhe é imprescindível casar-se, mas "por amor à pedagogia vai casar-se dedutivamente". Após longa e desapaixonada meditação, escolhe Leôncia, que possui os "caracteres antropológicos, fisiológicos, psíquicos e sociológicos que a futura mãe do futuro gênio há de ter", e lhe escreve uma carta com "argumentos plausíveis" e sem "frases apaixonadas" ditadas pelo instinto amoroso. Embora seu instinto termine por escolher os "olhões tensos" de Marina, Marina del Valle (todo um universo de natureza em um único nome), e seu instinto ganhe da razão uma primeira batalha.

Por outro lado, a frialdade e o antissentimentalismo dessas personagens é comum. Quando a criança nasce, dom Avito vigia o comportamento de mãe e filho e não deixa esta acariciá-lo ou chamá-lo por nomes carinhosos até a impede de beijá-lo: "Não o beijes, não o beijes asim, Marina, não o beijes; esses contatos são sementeiras de micróbios" (p. 45). Avito não quer um gênio sentimental, "um sentimental não pode ser bom sociólogo" (p. 38), e, aliás, "os gênios não podem apaixonar-se" (p. 86). Que dizer do médico alienista: "frio como um diagnóstico" – diz dele seu narrador –, é imune às emoções, seja da alegria ou da dor, e termina por internar sua própria mulher no hospital psiquiátrico da Casa Verde. O pedagogo o supera quando no mesmo leito de morte de sua filha trata de dar a explicação fisiológica do último estertor (p. 19). Ao leitor os tecnicismos ficam congelados em sua garganta.

Está claro que, apesar de tudo, o alienista e o pedagogo acreditam prestar um serviço à Humanidade, observando, vigiando, tachando e classificando o comportamento humano. O pai do pequeno Apolodoro mede-lhe o peso, o volume, acha sua densidade, seu ângulo facial e o cefálico ("e todos os demais ângulos, triângulos e círculos imagináveis", sorri o narrador).[5] Enquanto isso, o alienista não para de classificar loucos na Casa Verde: "Os alienados foram alojados por classes. Fez-se uma galeria de modestos...; outra de tolerantes, outra de verídicos, outra de leais, outra de magnânimos, outra de sagazes, outra de sinceros etc." (p. 110).

Nossos cientistas sentem-se o centro de seu próprio mundo: "A Ciência é minha única ocupação. Itaguaí é meu universo", declarará o alienista, quando a extensão da loucura vai crescendo e já deixou de ser uma ilha e um continente. Em *Amor e pedagogia*, o cenário é mais privado, e as vítimas de Carrascal pertencem a seu próprio mundo familiar. Mas é a casa de Carrascal

---

5 Apesar de seu afã de medida e classificação encontrar seu contraponto em Fulgêncio, o filósofo, que ele recomenda a Apolodoro: "*Que não te classifiquem*; [...] sei, é ilógico a seus olhos até que renunciando a classificar-te digam: é ele, Apolodoro Carrrascal, espécie única". Para Rosendo Díaz-Peterson: "O autor de *Amor e pedagogía* faz suas personagens constituírem uma encarnação da 'mania' clasificatória e pedagógica", que tanto odiou Unamuno ao longo de sua vida. (1982: 550-551).

com seus tetos altos, "como agora se usa" – anota o narrador –, sua "aeração" e sua "antissepsia", a que se transformou em um "microcosmos racional":

> Por toda parte barômetros, termômetros, pluviômetros, aerômetro, dinamômetro, mapas, diagramas, telescópios, microscópios, espectroscópios, que para onde quiser que dirija os olhos se empape em ciência; a casa é un microcosmos racional. (p. 40)

A sátira está servida e tanto Machado quanto Unamuno saem a seu encontro. A adoção de uma perspectiva genérica em torno à sátira nos estudos dessas duas obras, tomadas de forma independente, não é em absoluto nova.[6] Em ambas podemos encontrar boa parte dos elementos formais característicos do gênero assinalados pelos estudos de referência de Frye (1991) e de Bahktine (2004): por exemplo, a experimentação psicológico-moral, ao representar demências (no alienista ou nos itaguaienses) ou desdobramentos de personalidade (como o de dom Avito); o humor ou o riso, baseados no exagero e na redução ao absurdo das situações (algumas foram citadas); ou os jogos de palavras e bruscos contrastes; a desmesura e o exagero das personagens; a paródia do discurso científico, como assinalou Proença, o uso de latinismos, as citações de pensadores ou cientistas, a inserção de diferentes tipos de texto (proclamas, informes, discursos políticos ou galantes...) ou de estilos; o aparecimento do grotesco em meio ao trágico da ação; sua relação com a atualidade ideológica da época, ao mesmo tempo que um distanciamento estético da realidade.

Um dos aspectos mais destacados pela crítica em um e em outro caso, é o da importância da contradição e do paradoxo. No nível da ação é evidente. Em *O alienista* este acaba sendo o alienado e é internado até sua morte em seu próprio hospital psiquiátrico. "O paradoxo do alienista" para Barros

---

[6] Para *Amor e pedagogia*, Jiménez León (2002). Para *O alienista*, Eugênio Gomes assinalou como antecedente um ensaio satírico de Jonathan Swift, "*A serious and useful scheme to make an hospital for incurables*" ou "*The tale of cube*" (Pasero, 2000: 63). Barcellos Pereira da Silva (2009) aplicou as teses bahktinianas em quatro contos de Machado de Assis entre os quais não figura *O alienista*.

Baptista (2010) não é que o desenlace da ação seja ilógico ou absurdo, mas a consequência lógica da lógica esmagadora do despotismo científico de seu protagonista que o leva ao extremo contrário. Dom Avito, o pedagogo, não pode evitar que o gênio que ele queria criar acabe tirando sua própria vida. No caso de Unamuno, paradoxos e contradições encarnam o enfrentamento entre as ideias contrárias das personagens, ou sua dualidade interior (San Juan, 2002: 5). Para Pérez López (2003: 68) essa seria a primeira das contradições em Unamuno, a que afeta a dimensão do ser, o descobrimento de uma identidade descarnada entre o vital e o racional, que é a base do pensamento trágico unamuniano. Da segunda classe falaremos mais adiante.

Modalidades satíricas

Outro dos traços assinalados como próprios do gênero menipeio, é a menor exigência da verossimilitude. A realidade objetiva parece distanciar-se à medida que o olhar do narrador não oferece apenas dados sobre os lugares, paisagens, ambientes, ou personagens, isto é, um cronótropo tradicional, em contraste com o romance do XIX. A narração entra em um esquematismo formal que por si só concede ao resultado um efeito mais universalizador. O realismo, como já se disse, fica superado nesse olhar seletivo, deformador e distante do autor-narrador. Mais além da ação concreta da fábula, a ironia satírica, como estudou Booth em profundidade (1974), é uma questão de distâncias. Mas distância... de quem, em direção a quê ou quem?

Em *O alienista*, o narrador-autor começa seu relato baseando-se na suposta autoridade histórica das crônicas de Itaguaí que afirmam que "em tempos remotos viveu ali certo médico, o Dr. Simon Bacamarte". A personagem machadiana aparece em estratégia cervantina no relato dos cronistas filtrado pelo relato do narrador, em um impulso quase como de conto tradicional, como se disse. Desde o início, os acontecimentos se *contam* em um pretérito absoluto, o aoristo próprio da *enunciação histórica* (García Landa, 1998: 288), que situam a ação e suas personagens a grande distância de sua própria enunciação (*enunciação discursiva*) de onde pode manter-se em uma atitude de aparente neutralidade narrativa. O distanciamento fica sublinhado pelas contínuas referências ao relato das crônicas (*dizem..., asseguram..., nisto há unanimidade...*) e pelo absoluto controle e superioridade do narrador sobre o que nelas se diz e o que ele determina contar ou descrever em cada momento. Alguns exemplos. Para o narrador, o desenlace merecia pelo menos dez capítulos de exposição, mas se contenta com "um, que será o ponto final da narração" (p. 111). O dia em que foram liberados todos os loucos da Casa Verde, o assombro de Itaguaí foi enorme, mas o narrador diz: "Não descrevo as festas porque *não vêm ao caso* que nos interessa; mas foran esplêndidas, comovedoras e prolongadas" (p. 101). Utiliza aqui o narrador uma de suas técnicas favoritas, a técnica do *resumo*, que combina a conveniência com breves comentários. Assim se escamoteam as anedotas que "não interessam" ou "não vêm ao caso", sobretudo se se trata de pular os aspectos emocionais das personagens. Ou se furtam as possíveis explicações coerentes dos acontecimentos (p. 78). O distanciamento aparece na desvinculação com que se contam os fatos como alguma coisa que tem um interesse variável. E também percebe-se em relação às personagens, àquelas que poucas vezes deixam falar por si mesmas. O controle narrativo se mostra na absoluta preferência pela técnica do *discurso narrativizado* (estilo indireto), que é muito superior ao uso dos diálogos em estilo direto, que na maioria das ocasiões se reduz a uma única linha de brevíssima mostra. Do mesmo modo que o narrador não nos permite assistir ao diálogo direto das personagens, tampouco nos permite penetrar em seus pensamentos; em muito poucas ocasiões aparece onisciente e só umas duas vezes se permite mencionar o pensamento de uma personagem, assim se mantém em aparência de imparcialidade. Em ocasiões, sim, aparece o estilo direto, e deixa falar a personagem, mas o deixa apenas com seu parlamento, em um fragmento de discurso sem interlocutor, com o fim de mostrar ou parodiar a linguagem que em cada momento e em cada personagem dá forma à realidade.

Outro dos exemplos mais singulares de distanciamento, onde o autor--narrador marca *distância histórica* com o relato de seus cronistas, é aquele em que explica a expressão já obsoleta no momento da enunciação narrativa, mas de pleno uso no da crônica de Itaguaí: "um caso de matraca". A anedota se converte em uma espécie de metonímia simbólica em relação ao relato que a contém. Todo o caso de Itaguaí e sua história do alienista são concebidos por quem os reescreve como "um caso de matraca". É todo um sistema por meio do qual se dá a conhecer uma história (fingida ou verdadeira) a toda uma massa indiscriminada de pessoas que, de forma crédula, e somente pela confiança cega no sistema, é capaz de tomar como certo ou verídico as histórias mais absurdas ou inverossímeis. Não poderíamos entender isso como uma reflexão metapoética onde o autor implícito nos previne indiretamente sobre o próprio relato?

No transcurso da ação se mostra uma realidade em contínua mudança pelo vaivém dos acontecimentos, mas não é menos interessante ver como mudam também os nomes dessa mesma realidade: o "Palácio de Governo" é o novo nome do edifício da Prefeitura, e seu "presidente" passa a chamar-se "Protetor da vila" (p. 83). O narrador controla o relato, mas o constrói com palavras que não são as suas e ri distanciadamente os excessos retóricos, dos falsos exageros, como quando recolhe os elogios de Dª Evarista. Parodiam-se múltiplas expressões enfáticas e sublinham-se por seu efeito suasório entre a opinião pública, ao mesmo tempo que são desacreditados como fonte de verdade:

> Sucediam-se as versões populares. Vingança, cobiça de dinheiro, castigo de Deus, monomania do próprio médico, plano secreto do Rio de Janeiro com o fim de destruir em Itaguaí qualquer germe de prosperidade que chegassse a brotar, a arborescer, a florescer, em desdouro e míngua daquela cidade; outras mil explicações, que não explicavam nada: tal era o produto da imaginação pública. (p. 58)

Dados restantes, errôneos, interpretações confusas, a distância é absoluta sobre o relato construído pelos cronistas. E o narrador já atua em *O alienista* como observamos que faz em obras posteriores nas quais consagra uma forma própria de narrar: mais que centrar-se nos fatos (*fenômenos*) fixa-se na configuração que estes adquirem nos "debates e comentários" da opinião (*metafenômenos*) na vida pública (García Landa, 1998: 334).

Quanto à visão do protagonista, oculta-se sua descrição física, "só seu olhar inquieto e policialesco" conhecemos. Se alguma coisa o caracteriza é sua impassibilidade, sua incapacidade para ter sentimentos próprios ou empatizar com os alheios. Sua alegria é "a alegria própria de um sábio, uma alegria abotoada de circunspecção até o pescoço" (p. 44). Apesar de, no jogo de distâncias narrativo, o narrador também sabe ser generoso em elogios ao doutor: "exteriormente era modesto, como convém aos sábios" (p. 24), "homem estudioso" (p. 39), "um grande homem austero, Hipócrates forrado de Catão" (p. 98); no fim do penúltimo capítulo: "um dos mais belos exemplos de convicção científica e abnegação humana". O problema é que duvidamos a qual dos dois discursos pertencem as valorações vertidas sobre essa personagem, se é expressão do autor-narrador ou das crônicas, e duvidamos porque se instalou a dúvida ou a suspeita sobre a veracidade para o resto da história. Porque em outros momentos, parece falar pela boca do julgamento do povo: "A notícia dessa alevosia do ilustre Bacamarte impôs o terror na alma da população [...] Comentava-se o caso pelas esquinas, nas barbearias; concebeu-se um romance [...]. Mas a austeridade do alienista, a vida de estudo que levava, pareciam desmentir tal hipótese. Histórias!" (p. 53). Finalmente o povo parece mais desqualificado que o louco alienista.

Sob capa da neutralidade narrativa, talvez não haja tanta imparcialidade quanto parece. Enquanto o autor-narrador sorri com o alienista, de quem se distancia especialmente e a quem critica bastante é para todo o povo. No final do relato, mostra superioridade sobre a população, que não se dá conta do final que encerra a última frase do parágrafo quarto do informe; ao passo que seu protagonista piscando o olho com simpatia o induz a concluir que "o ilustre alienista fez curas assombrosas que produziram a mais viva admiração em Itaguaí", sendo este um ponto em que "todos os cronistas concordam plenamente" (p. 113). O narrador vai e vem levado pelo relato da crônica que ele mesmo não se acredita e é para essa narração, em seu conjunto, para a que aplica seu maior distanciamento.

Não repetiremos os elementos comuns nos jogos irônicos ou paródias de estilo de *Amor e pedagogia*, mas aquilo que marca uma diferença substancial no modo narrativo. Começando pelo aparecimento da personagem. Tudo nela são "hipóteses" sobre "como, quando, onde, por quê e para quê nasceu Avito Carrascal." (p. 23). Aparece na história, sem antecedentes familiares ou sociais, nem mais dados pessoais que o de ser tampouco "homem do porvir" que como tal "jamais fala de seu passado" e, por isso, tampouco seu irônico narrador: "pois ele não o faz por conta própria, respeitaremos seu segredo" (p. 23). Uma personagem sem passado que emerge do nada e – diz o narrador – "apresentássenos no *cenário*" para, a partir daí, protagonizar uma história que se conta em um estrito presente. Trata-se de um presente atemporal, não histórico, que vai *mostrando* mais que contando a ação, em uma perspectiva teórica de simultaneidade desde a que observar como em um experimento para as personagens. Só na última cena do suicídio de Apolodoro, o narrador recupera uma perspectiva de narração e volta à temporalidade dos acontecimentos. O narrador fala a partir da terceira pessoa, com onisciência, e vai focalizando alternativamente, conforme seu olhar se deter em uma ou outra personagem. Então, introduz o leitor diretamente até o fundo da ação mental das personagens, sobretudo, da principal, mas não unicamente. Em todos os momentos de dúvidas, indecisões ou determinações, acede o leitor ao interior da consciência. São abundantes as passagens de introspecção, mediante o discurso indireto livre ou também em estilo direto com a voz interior da consciência. É essa sensação de "realismo psicológico vivido" a que faz o letor sentir-se mais perto, mais partidário e, portanto, menos imparcial, em relação às personagens (Booth, 1974: 306).

Diante da sobriedade emocional do relato machadiano, em Unamuno o relato se tinge da paixão da dialética das ideias e também das emoções e contradições das personagens. Emotividade e racionalidade se enfrentam em um contraste tanto mais grotesco quando o narrador aplica o discurso racionalista e pedantesco às cenas mais ternas e emotivas, e assim as personagens aparecem desumanizadas, como o anteriormente comentado pelo pai que vê sua filha morrer. O desfecho do romance indica que a ironia é uma ironia trágica. E que essa batalha só tinha perdedores.

Ao cotejar as obras de Machado e Unamuno, descobre-se que o ponto de vista e a seleção do olhar do narrador revelam diferenças significativas que apontam para duas modalidades de distanciamento narrativo, duas modalidades satíricas. O primeiro tipo de distanciamento, o machadiano, adota um modo *pseudo-histórico* que sublinha as armadilhas do relato e da historiografia. O narrador sustenta uma atitude pouco comprometida, de aparente imparcialidade, de aparente neutralidade de desinteresse quanto a personagens ou ação, porque não se sente responsável por ela, mas sim, transmissor que adverte para todas as suas armadilhas, portanto é um narrador "não honrado". O autor implícito ri do método histórico do narrador do mesmo modo que do método científico do alienista, e de todo o povo que absurdamente se submete ao arbítrio da teoria científica. Com isso implica o leitor com o sorriso irônico, ao mesmo tempo em que o desconcerta, ante o grande tema machadiano da suspeitosa univocidade entre o signo e seu significado, entre o relato e a história, que conduz diretamente à ambiguidade e à impossibilidade de conhecer a verdade objetiva.

O segundo tipo de distanciamento, o de Unamuno, segue o modo *dramático* ao referir-se às ações das personagens sempre dentro de um presente atemporal do qual são espectadores instantâneos e provisórios tanto o narrador quanto o leitor, mas ausentes da história. O narrador mal existe como enunciador, e tampouco se dirige diretamente ao leitor, situa-se *fora* da ação mais que a distância, não em outro tempo, mas simultâneo observador do outro lado daquela que é ação *dramática* nos dois sentidos do termo, para observar mais de perto as anomalias dessas personagens.

Dos sonhos da razão à impossibilidade de sonhar: o modo simbólico

Diz Frye: "Um grande vício não precisa que uma grande personagem o represente [...] mas a impotência absoluta do sonhador é essencial para a sátira" (1991: 300). Talvez as personagens dessas ficções tenham convertido seus desejos em um sonho impossível. Eis que entre sonhadores que sonham impossilidades, vinte e dois anos depois daquela carta de Unamuno a Júlio Sílvio, acontece talvez o único diálogo certo entre Joaquim Machado de Assis e dom Miguel de Unamuno, quando já reitor em Salamanca, conhece e lê com atenção o romance de *Dom Casmurro*. Na Casa-Museu de Unamuno, fazendo parte da que foi sua biblioteca pessoal, existe naturalmente um exemplar dessa obra, com alguma anotação e algumas passagens sublinhadas por dom Miguel, que não chamou a atenção de ninguém, ao que me conste. Trata-se de uma edição francesa do "Institut International de Coopération Intellectuelle", com prefácio de Afrânio Peixoto, que foi publicada em Paris no ano de 1936, e que, portanto, Unamuno deve ter lido necessariamente no transcurso desse mesmo ano em que morreu. Aquela foi uma edição de 60 exemplares, dos quais mais da metade eram *hors commerce*, dedicada ao intercâmbio entre instituições. Na nota biográfica introdutória, Unamuno escreveu a lápis e por cima da data da morte de Machado de Assis (1908), o número "69", que assinala os anos que havia vivido o escritor brasileiro, curiosamente, do mesmo modo que faz sua personagem dom Fulgêncio, que anotava a idade de vida dos filósofos para extrair a média dos anos de sua "vida provável".[7]

Na última página desse exemplar, Unamuno anota as dos fragmentos que sublinhou na obra. Por exemplo, o capítulo intitulado "Ideias aritméticas", e outras passagens que são especialmente significativas nesse contexto e que têm como centro o símbolo do sonho. Correspondem aos capítulos "Duas metades de um sonho" e "Uma ideia e um escrúpulo". É justamente o momento em que Bento conta como despertou de um sonho e, apesar de suas tentativas, não conseguiu voltar a ele e sente que "um dos ofícios do homem é fechar e apertar bastante os olhos e ver se continua durante a noite velha o

---

7 "E lhe mostra um papel em que estão escritos nomes de sábios, filósofos, pensadores, seguidos de um número: Kant, 80; Newton, 85; Hegel, 61; Hume, 65; Rousseau, 66; Schopenhauer, 72; Spinoza, 45; Descartes, 54; Leibnitz, 70; e outros mais seguidos de sua cifra. – Sabes o que é isto? (sic) Os anos que viveram, filho, os anos que viveram esses grandes pensadores, para tirar a média e saber minha vida provável" (p. 109).

sonho truncado da noite jovem", e assim unir esses dois extremos, como os dois extremos da vida. Mas alguma coisa se rompeu definitivamente. E como pergunta à noite por que razão os sonhos hão de ser tão tênues, a noite lhe explica aquilo de que "os sonhos antigos foram aposentados e os modernos viviam no cérebro das pessoas." E que estes já não podiam imitá-los. Não há dúvida de que nessa passagem Miguel de Unamuno teve de identificar-se com uma imagem tão querida de seu pensamento e ao mesmo tempo, de novo, tão pascaliana. A imagem do sonho nos remete novamente a Pascal que, comentando com Montaigne, reconhece neste a incerteza dos axiomas da física ou a medicina, e a crise de uma forma de conhecimento que se torna tão débil no sonho que é a vida, do que nos despertaremos até a morte, como no sonho natural.[8]

Em *Amor y pedagogía*, já aparecem elementos do que posteriormente será o romance novela simbólico unamuniano, em torno à imagem do sonho. Sonha a vida inconsciente de Marina e a consciente de dom Fulgêncio, que sonha em deixar um nome. Apolodoro também sonha em surpreender o sonho, no próprio momento o "misterioso trânsito", mas não consegue:

> O sonho sempre chegando-lhe cauteloso e pela espalda, sem introduzir ruído, agarra-o antes de que ele possa agarrar-lhe e sem dar-lhe tempo de virar-se para ver sua cara. Ocorrerá a mesma coisa com a morte? (p. 88).

Para Unamuno, a obsessão é a de ver esse momento que passa da vida consciente à inconsciente, essa fronteira em que o homem surge nessa parte de si mesmo misteriosa em que deixa de ser. Esse momento, como diria Fulgêncio, em que dormirás e nunca mais te despertarás. Na passagem que Unamuno sublinhou, a noite confessa a Casmurro que:

---

8 *Pensées*, I, art. XI, "Sur *Épithète* et Montaigne", II. Sobre a influência de Pascal na obra de Machado de Assis e no simbolismo de sua obra, pode ser vista em Paul Sneed (2006).

> A ilha dos sonhos, como a dos amores, como todas as ilhas de todos os mares, são agora objeto da ambição e da rivalidade da Europa e dos Estados Unidos (Machado de Assis, 1991: 198).

E Casmurro explica: "Era uma alusão às Filipinas". E confessa: "Não peço agora os sonhos de Luciano, nem outros, filhos da memória ou da digestão; me basta um sonho tranquilo e apagado." (ibid.)

Essa passagem que Unamuno sublinha na edição francesa de *Dom Casmurro*, de meu ponto de vista, é clave em uma compreensão do mundo como cenário de uma quebra irrecuperável, como no sonho partido em duas metades, sem nenhuma possibilidade de continuidade. Um momento de fragmentação da cosmovisão em que se identificam esses dois escritores que assistem à forte crise entre o fim de um século e o começo de outro. Recordemos que *Dom Casmurro* é publicado em 1899 e que a alusão às Filipinas aponta a perda das colônias espanholas do ano 98, um acontecimento que foi considerado o feito aglutinador da geração literária de Unamuno. Entretanto, o reconhecimento mútuo desses dois autores em torno das obras que temos colocado em diálogo, assinala talvez um fato mais relevante, sobretudo se tomarmos como referência o contexto da literatura ocidental e aplicarmos uma perspectiva transnacional e transatlântica. Apontaria para considerar, de acordo com o que defende Pérez López, que o verdadeiro acontecimento generacional do fim de século não foi a derrota do 98, mas "o choque entre o horizonte positivista no qual haviam aberto os olhos e o vitalismo filosófico irracionalista do fim de século" (2003: 69). E este é o segundo paradoxo unamuniano:

> O segundo paradoxo essencial consiste na autoimolação da razão [...]: a razão se desdobra para analisar a si mesma como instrumento de conhecimento, e chega à conclusão de que incapacidade para aceder à realidade objetiva e, portanto, à verdade segura (p. 70).

A necessidade que ambos os escritores têm, en um determinado momento, de uma mudança de estética para o simbolismo confirma uma trajetória e algumas motivaçõess, em parte, compartidas (Pasero, 2000: 66). Não se trata, pois, de ampliar a lista da generação *noventayochista*, mas de aceitar que uma boa parte da obra do escritor brasileiro e do Reitor de Salamanca compartilham umas mesmas claves no contexto finissecular da crise do positivismo e que ambos encontram na sátira a expresão de seu ceticismo ante as certezas absolutas. Na poética diacrônica, suas obras dialogam por meio de diferentes modalidades em torno à sátira do pensamento lógico. Mais irônica e ambígua em Machado, mais agônica em Unamuno, é o ponto de encontro com o qual os dois narradores denunciam o fracasso do dogmatismo positivista que limita o ser humano em seus impulsos contraditórios, ou ignora sua complexidade e seus abismos inconscientes, para deixá-lo entre o absurdo e a morte, e, como Brás Cubas, com "a consciência boquiaberta" (p. 85).

Referências bibliográficas

Abreu Ribeiro, C.A.C.L. de "O mundo anômico do alienista". São Paulo: *Revista de Letras*, 25, 1985, p. 35-47.

Arias Argüelles-Meres, L. "Amor y pedagogía, cien años después". *Ínsula (Lecturas de 1902: perspectivas y contrastes)*, mayo, n. 665, 2002.

Bajtín, M. M. *Problemas de la poética de Dostoievski*. 1. ed. 1979. Madrid: FCE, 2004.

Barcellos Pereira da Silva, M. *Procedimientos paródicos e distanciamiento irónico em Papéis avulsos, de Machado de Assis, Facultade de Filosofia, Letras e Ciências Humanas*. São Paulo: Universidade de São Paulo, 2009.

Barros Baptista, A. "La paradoja del alienista". In: *Revista de Cultura Brasileña*, n. 7 (Nueva serie, mayo), 2010, p. 130-155.

Booth, Wayne C. *La retórica de la ficción*. 1. ed. 1961. Barcelona/Bosch, Casa Editorial, 1974.

Cândido, A. "Esquema de Machado de Assis". *Crítica radical*. Venezuela: Biblioteca Ayacucho, 1991, p. 122-138.

Cilleruelo, J. Á. "El carácter póstumo como paradigma literario". In: *Revista de Cultura Brasileña*, n. 7, (Nueva serie, mayo), 2010, p. 82-97.

Díaz-Peterson, R. "Amor y Pedagogía, o la lucha de una ciencia con la vida". In: *Cuadernos Hispanoamericanos*, n. 384, 1982, p. 549-560.

Franz, Th. R. "The philosophical Bases of Fulgencio Entrambosmares in Unamunos's *Amor y Pedagogia*". In. *Hispania*, v. 60, n. 3 (septiembre), 1977, p. 443-451.

Frye, N. *Anatomía de la crítica*. 1. ed. 1977. Caracas: Monte Ávila Editores, 1991.

García Landa, J. A. *Acción, relato, discurso: estructura de la ficción narrativa*. Salamanca: Ediciones Universidad (Acta Salmanticensia. Estudios filológicos 269), 1998.

Jiménez León, M. "*Amor y pedagogía* como sátira menipea". In: Martínez Fernández, J.E. (Coord.) *Estudios de literatura comparada:* norte y sur, la sátira, transferencia y recepción de géneros y formas textuales, 2002, p. 311-338.

Machado de Assis, J. M. *El alienista*. Barcelona: Fábula Tusquets Editores, 1977.

_____. *Don Casmurro*. Tradução de Pablo del Barco. Madrid: Cátedra (Letras Universales), 1991.

_____. *Memorias póstumas de Blas Cubas*. México: Fondo de Cultura Económica, 2006.

Martínez Fernández, J. E. *La intertextualidad literaria*. Madrid: Cátedra, 2001.

Maura, A. "La crítica de Machado de Assis en las publicaciones españolas" In: *Revista de Cultura Brasileña*, n. 7 (Nueva serie, mayo), 2010, p. 182-213.

Pasero, C.A. "Machado de Assis, cuentista". In: *Cuadernos hispanoamericanos*, n. 598, 2000, p. 53-66.

Pérez López, M. Mª. "Unamuno: estrategias expresivas del relativismo". In: *Cuadernos de la Cátedra Miguel de Unamuno*, v. 38, Salamanca: Universidad Salamanca, 2003, p. 63-89.

Portella, E. "Machado en movimiento". In: *Revista de Cultura Brasileña*, n. 7 (Nueva serie, mayo), 2010, p. 56-63.

Proença Filho, D. "El cuento en Machado de Assis". In: *Revista de Cultura Brasileña*, n. 7 (Nueva serie, mayo), 2010, p. 99-129.

Reale, M. *A filosofia na obra de Machado de Assis*. São Paulo: Livraria Pioneira, 1982.

Rouanet, S. P. "La forma *shandiana* y el paradigma romántico". In: *Revista de Cultura Brasileña*, n. 7 (Nueva serie, mayo), 2010, p. 64-73.

San Juan, G. "*Amor y pedagogía*, novela por Miguel de Unamuno". In: *Das artes-Das letras*, 9 y 16 de deciembre, 2002, p. 4-6.

Sneed, P. "Delirium and divertissement: Pascaline Allegories in Machado de Assis". In: *Hispania*, v. 89, n. 3 (sep.), 2006, p. 474-481.

Soler, I. "La lógica del instinto y el azar". In: *Cuadernos hispanoamericanos*, n. 598, 2000, p. 67-72.

Unamuno, M. *Amor y pedagogía*. Madrid: Espasa-Calpe, 1979.

Vauthier, B. "Apuntes críticos para leer entre líneas *Amor y pedagogía* a los cien años de su publicación". In: Agenjo Bullón, X. *et al.* (Coord.). *Nuevos estudios sobre historia del pensamiento español: Actas de las V Jornadas de Hispanismo Filosófico*, 2005, p. 373-387.

Zapata-Calle, A. "*Amor y pedagogía* y *La tía Tula* de Miguel. Unamuno como proyecto común: la parodia de la alienación racional". In: *Céfiro:* enlace hispano cultural literario, v. 9, n. 1-2, 2009, p. 113-138.

A SOCIEDADE REPRODUZIDA NO ESPELHO FOTOGRÁFICO DA FORMA DRAMÁTICA: MACHADO DE ASSIS E O TEATRO

Carlos Paulo Martínez Pereiro
Universidade da Coruña

De um lado, a narração falada ou cifrada; de outro a narração estampada,
a sociedade reproduzida no espelho fotográfico da forma dramática.
Machado de Assis

༺

Machado de Assis (1839-1908) manteve com o teatro uma relação intensa, interventiva e diversificada como autor, tradutor, teórico, crítico e censor. Essa (pre)ocupação teatral, que o acompanhará ao longo de toda sua vida, adquire uma intensidade e exclusividade especialmente concentrada entre 1859 e 1867, anos de formação nos quais, graças à sua relevante, embora irregular, produção literária e à sua não menos notória ação reflexivo-cultural, adquire um prestígio que, no futuro e durante seu percurso vital, irá acrescentando-se até convertê-lo em um dos maiores escritores e mais influentes intelectuais brasileiros (e não só).

Apesar dessa contundente realidade, a atividade teatral machadiana sofreu durante muito tempo – e, em um menor grau, ainda hoje – uma secundarização valorativa e uma desconsideração crítica que, muito pouco a pouco, e não escassas reticências, foi-se mitigando nestes últimos tempos. Grosso modo, poderíamos dizer que, diante do unânime julgamento positivo de seu apurado exercício reflexivo e crítico sobre o teatro brasileiro de sua época, à irregular produção teatral do autor de *Dom Casmurro* questionou-se tanto sua efetiva entidade de espetáculo quanto seu interesse dramático – este último, em todo caso, só reconhecido desde os parâmetros da escritura estritamente literária.

É devido a vários preconceitos – como, *verbigratia*, o de considerar a maior parte da produção dramática obra de juventude –, a diversos – digamos – mal-entendidos aos quais nos referiremos depois e como resultado, em parte, da superposição e a comparação com a enorme sombra de sua inigualável obra ficcional, que, nas páginas que seguem, não apenas edificaremos uma descritiva e sintética radiografia da heterogênea labor machadiana a respeito do teatro e, em especial, de sua desigual obra dramática, como também que, do mesmo modo, emitindo julgamentos de valor criteriosos, a contextualizaremos e ponderaremos, reinvindicando-a no que, em nossa modesta opinião, tem de positivo e, inclusive, de objetivamente excelente.

Colocando-nos, portanto, *à rebours* de certas valorações cansativas por serem repetidas, já cansadas, e procedendo *ut aliena umbra latentes*, isto é, valendo-nos do amparo da senequista sombra alheia,[1] esperamos que não ocorra conosco o mesmo que aconteceu com aquele discípulo – alguém preferiria dizer trânsfuga – de Pitágoras que, ao sair para anunciar que a harmonia do mundo não existia, foi rapidamente lapidado pelas turbas defensoras do sagrado espaço do consensualmente assumido durante muito tempo.

Com vinte anos, Machado praticamente começa sua atividade no mundo das letras associado ao âmbito do dramático e ao intercâmbio intelectual do qual participava nas reuniões da relevante "Sociedade Patológica( )", colaborando como crítico teatral no jornal *O Espelho*, entre setembro de 1859 e janeiro de 1860, e, em março deste último ano, publicando em *A Marmota* em três fascículos a "comédia em um ato imitada do francês" *Hoje avental, amanhã luva*. A pequena obra se sustenta em um enredo simples que, como era usual na época, é "imitado" de uma obra anterior: neste caso, da

---

[1] Neste sentido, para uma apurada e exata visão de conjunto do que a seguir se expõe, remontamos aos excelentes estudos do professor da Universidade de São Paulo, João Roberto Faria sobre "Machado de Assis, leitor e crítico de teatro" (2004: 299-333) e à breve, mas completa, introdução de sua edição da obra teatral do autor "A comédia refinada de Machado de Assis" (2003: IX-XXX).

comedieta *Chasse au lion,* de Gustave Nadeau e Émile de Najac. Obedecendo a um desenvolvimento dialogal impecável, a acertada versão do dramaturgo principiante nos apresenta, no carnaval carioca de 1859, como a criada Rosinha recebe Durval, pretendente de sua patroa, e o conquista com a ajuda de Bento, criado daquele. A "caça do leão", que se *aggiorna* em uma astuciosa e elegante "caça ao dândi" no âmbito social burguês do Rio de Janeiro e com os modos expressivos e o impresivo jeito carioca, (de)monstra assim a verdade programática do título machadiano a respeito da ascensão social valendo-se do matrimônio: a criada que hoje usa mandil, amanhã como senhora (bem) casada acabará por vestir luvas.

Nesse primeiro ensaio teatral assistido (por adaptado), já podem ser observados alguns dos elementos que, com diversos resultados e desigual sorte, constituirão os repetidos suportes e configurarão o teor de um parcial realismo aburguesado de grande parte do posterior teatro de comédia machadiano: a gênese proverbial do argumento, a *socialité* ambiental e o cotidiano moral da alta burguesia em ascensão, a família e o círculo amical como espaço da representação com o referente da atualidade e do âmbito por extenso da cidade fluminense por antonomásia, a aparência da inação, o enredo simples e instigante com um desenvolvimento argumental consabido (porquanto previsível), o diálogo fácil, brilhante e efetivo, a elegância conceptual como suporte de uma amável comicidade etc.

Em1861, tais elementos são retomados em sua inicial comédia original, *Desencantos*, dedicada ao relevante homem de teatro Quintino Bocaiúva. Na primeira parte dessa "fantasia dramática", Machado nos mostra, em um ambiente delicado e amavelmente burguês, Clara de Souza, uma viúva com uma concepção do mundo e do amor realista, e seus dois divergentes pretendentes, o também "realista" Pedro Alves e o tendencialmente "(para) romântico" Luis de Melo. A jovem opta pelo primeiro, decidindo o segundo empreender uma longa viagem pelo exótico Oriente. Já na segunda parte, que transcorre cinco anos depois, Pedro, agora deputado, se encontra em contínuas contrariedades e discordâncias com sua esposa Clara, enquanto o antanho idealista Luis, desencantado de seu passado amor, regressa ao Rio e apaixona-se pela filha de Clara, pedindo – e sendo-lhe concedida – sua mão àquela que será sua sogra.

Como ocorrerá com as duas comédias subsequentes, também cimentadas na linguagem, essa fantasia, deixando de lado o delicado humorismo derivado de algumas situações e diálogos plenamente realizados, peca de maneira intermitente pela falta de tensão e de ritmo dramáticos, fundamentalmente pela descontínua artificiosidade e inconsistência dos contrastes dialogais.

Em 1862, nosso já considerado literato elabora outras duas comédias originais em um ato, *O caminho da porta* e *O protocolo*, estreadas no Ateneu Dramático, que, publicadas conjuntamente no ano seguinte, estão inspiradas e influídas pelo 'teatro proverbial' de Alfred de Musset.

O caminho da porta (de)monstra dramaticamente o provérbio "quando não se pode atinar com o caminho do coração toma-se o caminho da porta". A viúva Carlota não se decide por nenhum de seus pretendentes, Valentim e Inocêncio, como tampouco antes se havia decidido a respeito do Doutor Cornélio, quem, agora, observa, comenta e atua, com inteligência e distância, nas tentativas, no final fracassadas, de conquista da viúva, autêntica e abandonada "Penélope sem juízo".

Com uma clara ascendência de um certo repertório temático do teatro realista francês pintada de intenção civilizadora – tão garrettiana e lorquiana – e em paralelo argumental, mas com notórias diferenças, com a obra *O que é o casamento?* que, nesse mesmo ano, estreará também no Ateneu Dramático José de Alencar, *O protocolo* trata de dois cônjuges, Elisa e Pinheiro, orgulhosamente caprichosos, que mantêm seu casamento em crise, e do consequente assédio amoroso da esposa por parte de Venâncio, um pretendente oportunista: assédio falido pela intervenção da prima Lulu que ajuda o matrimônio a (re)descobrir o amor que se professam e o absurdo de seus confrontos.

Da referida publicação dessas duas irregulares peças dramáticas, que, como *Desencantos*, se pretendem mostrar (falidas) da alta comédia curta, surge um dos mal-entendidos críticos ao qual fizemos referência antes. O volume incorpora as duas cartas cruzadas entre Machado, que com modéstia declara suas intenções ao elaborar as duas comédias, submetendo-as à valoração de seu amigo Quintino Bocaiúva, e a resposta deste dramaturgo. Nesta, entre outros genéricos considerandos de teor paternalista, Bocaiúva as vê como "um ensaio", "uma ginástica de estilo", "modeladas ao gosto dos provérbios franceses", às quais "como lhes falta a ideia, falta-lhes a base. São valiosas, como artefatos literários, mas até onde a minha vaidosa presunção crítica pode ser tolerada, devo declarar-te que elas são frias e insensíveis, como todo o sujeito sem alma", acrescentando que "são para serem lidas e não representadas", e pedindo ao autor de *O alienista* que apresente "nesse mesmo gênero algum trabalho mais sério, mais novo, mais original e mais completo. Já fizeste esboços, atira-te à grande pintura".

Tal julgamento demolidor sobre esses dois textos concretos como teatro (e não apenas), com o passar do tempo, foi assumido, por extenso e majoritariamente, e aplicado em sentido lato, injusta e mecanicamente, ao conjunto do teatro machadiano. Na realidade, tamanha opinião, não carecendo em parte de sustento objetivo a respeito do julgado, só se pode ponderar em seus justos e relativos termos, se se levarem em conta tanto os pressupostos da poética e a estética teatral realista *tout court* dos que parte o julgamento de Bocaiúva – para ele e Machado "convenientes" e "necessários" por renovadores da cena brasileira daqueles anos – como diversas circunstâncias e aspectos contextuais. Daqueles e destes se deriva, por um lado, a constatação do *décalage* entre a defesa de um teatro realista burguês, moral, civilizador e socialmente útil, promovida pelo Machado crítico – a quem José de Alencar, em 1868, considerará publicamente "primeiro crítico brasileiro" –, teórico e censor, e os neutros parâmetros mussetianos nos quais são moldados a escritura e a estrutura teatral das duas peças.

Na verdade, na segunda metade do século XIX, o panorama teatral hegemônico e com maior presença de certos autores, obras – autênticas "composições-múmias" para nosso autor –, tendências e montagens teatrais *demodés,* ele foi visto com olhos sumamente críticos por Machado de Assis em diversos escritos jornalísticos em diferentes meios: entre outros, a partir de 1860, quando começa a colaborar em *A Semana Ilustrada* onde trabalhou, até 1867, como redator do *Diário de Rio de Janeiro* e, especialmente, entre 1862 e 1865, anos em que desenvolve seu papel de censor do Conservatório Dramático e, de maneira já mais ocasional, com posterioridade. Dos diversos pareceres censórios que emite e das opiniões, posicionamentos e comentários que estabelece em suas críticas, apesar, desde suas opiniões "ecléticas em absoluto", com toda independência e liberdade de qualquer militância unívoca ou maniqueísmo valorativo, vermos como, de maneira indubitável, alinha-se nas filas do teatro realista de ascendência francesa que se opunha à preponderância até a altura (e ainda com posterioridade) onipotente teatro romântico.[2] Tendência realista que acompanha a evolução do gosto da poderosa burguesia que exige a volta às comédias de outrora ou dramas do *genre sérieux*.[3]

De fato, Machado se situa explicitamente a favor do centro nevrálgico de difusão e encenação do renovador, moralizador e civilizador repertório realista em âmbito carioca, o Teatro Ginásio Dramático, inspirado já desde o nome no, *mutatis mutandis*, equivalente a *Gymnase Dramatique* parisiense, que

---

2   Tal filiação teatral, realista e francesa, deriva também do labor de Machado como tradutor de, entre outras obras dramáticas, *Montjoye* (1864), de Octave Feuillet; *Suplício de uma mulher* (1865), de Dumas filho e Girardin; *O anjo da meia-noite* (1866), de Barrière e Plouvier; *O barbeiro de Sevilha* (1866), de Beaumarchais; *A família Benoiton* (1867), de Sardou; *Como elas são tolas* [*Un caprice*] (1869), de Musset; ou *Os demandistas* [*Les plaideurs*] (1873), de Racine. Como se deduz facilmente dessa relação, Machado traduziu de preferência, e não por acaso, textos repertoriados que, como afirmou Helena Tornquist (2002: 81), lhe permitiram "o contato com a dramaturgia e com os nomes mais representativos do teatro francês, identificados com a modernidade".

3   O contexto, ou fundamento ambiental, e a caracterização da pugna teatral daqueles anos no Rio de Janeiro pode resumir-se, *mutatis mutandis*, com as palavras que Jean-Jacques Roubine (1990: 96) utilizou para referir-se à renovação teatral nos camarotes de Paris alguns anos antes: "La nouvelle comédie de moeurs d'Augier, les pièces dites "à thèse" de Dumas fils vont rechercher la demi-teinte et la quotidienneté de sentiments moyens. Elles vont habilement donner au public bourgeois l'impression qu'il ne perd pas son temps en divertissements futiles, que le théâtre est une école qui lui permet d'appréhender les grandes questions qui se posent à la societé contemporaine. En fait, eles contribuent à le conforter dans sa bonne conscience, dans ses a priori et dans son idéologie.
    Il s'agit en somme d'un théâtre-miroir, ou supposé tel. Sa base théorique est double. La scène, croit-on, s'emploie à renvoyer à la salle une image 'ressemblante' d'elle même. En même temps, elle véhicule une 'morale', des 'directives' qui prétendent assurer la gestion harmonieuse de la vie quotidienne et de ses inévitables conflits".

se opunha frontalmente ao centro referencial da dramaturgia romântica, o Teatro São Pedro de Alcântara, dirigido pelo mítico ator e homem de teatro João Caetano. A concorrência da nova tendência com a já "irrealizante" dramaturgia romântica se estabelecia, de maneira fundamental, com a oposição da exaltação do individual e o nacional desta à incorporação da moral aplicada aos valores do estamento social burguês e da familia daquela.

Na denominada "comédia moderna" e nos chamados "dramas de atualidade", a utilidade, transcendente, exemplar e didatizante para a sociedade adquirir um papel fundamental, ao passo que Machado, ao adotar, com efeito, o modelo dos "provérbios dramáticos" – e, a partir de meados da década de 1960, também sob o influxo antiutilitarista das concepções de Madame de Staël – deriva em uma comicidade amável, em um humorismo elegante e em uma esfumação substancial da lição moral e do didatismo social no espaço do lúdico e do muito levemente edificante, distanciando-se do "compromisso" do modelo parcialmente alternativo que de maneira rotunda mas teórica defende, o da "alta comédia realista". Pois bem, apesar de suas diferenças, é evidente que ambos os modelos perseguem o objetivo fundamental do "bom gosto" e do *bons sens* de matriz augieriana, e não é menos certo que uma e outra modalidade dramática participam do mesmo realismo de base, da representação da ética e estética da alta sociedade contemporânea.

É bem provável que Machado tivesse lido o conjunto das *Comédies et Proverbes* de Musset na última edição de 1853, revisada e corrigida pelo próprio autor, ou em sua reimpressão de 1856, pois está claro que o modelo dramático "proverbial", ao qual seguirá fiel até suas últimas obras teatrais, tem seu ponto de partida e seu modo de chegada nas curtas obras cênicas mussetianas – em parte, uma modernização das comédias de salão de Marivaux – dos "provérbios" (*proverbes*). Isto é, de alguns textos que exemplificam frases feitas, como *On ne badine pas avec l'amour* ou *Il faut qu'une porte soit ouverte ou fermée*, para que também a plateia as adivinhe ou acabe por deduzi-las de seu desenvolvimento em cena por meio de um diálogo, de uma linguagem que, ao mesmo tempo, gera a dramaticidade e expõe gradualmente o conteúdo argumental imbricado com o enredo situacional teatralizado.

Dessa maneira, aquela modalidade teatral que o ironicamente romântico Musset, depois do fracasso de suas primeiras representações, havia definido como *un spectacle dans un fauteuil*, motivando a imagem restringida de um "teatro para ler", publicado em revistas dez anos antes de ser estreado (1847), é transplantada para o paralelo teatro machadiano por Bocaiúva e, baseando-se nele, por *tutti quanti*, por muitos outros, entre os que tiveram uma especial relevância os diversos historiadores da literatura brasileira, permita-nos recordar a máxima de Roman Jakobson de que sempre se devia desconfiar dos manuais, como, por exemplo, por seu prestígio em meados do século passado, José Veríssimo, e, posteriormente, com opiniões mais matizadas, Massaud Moisés, Alfredo Bosi ou Luciana Stegano-Picchio.

Como ocorreu com os provérbios mussetianos, o passar do tempo, a repetida recepção positiva por diversos públicos e o contraste do pertinaz exercício da representação dessas curtas comédias de salão machadianas, apesar da escassa presença nelas da teatralidade, e graças a seu apurado – desigual, em suas primeiras peças, e, nas últimas, até virtuoso – tratamento da linguagem, às suas inegáveis potencialidades de representação e à simples carpintaria teatral própria de uma *pièce bien faite* – outra, refutou em grande parte essa ideia de sua "ateatralidade", ao mesmo tempo que as foi resgatando dos territórios da minivalia e do rebaixamento "literaturizador" às que haviam sido condenadas.

Tal adjetivação de *literário* para um teatro que, sem dúvida alguma, se centra na linguagem e se baseia no diálogo, coloca inclusive o problema da definição do teatral e seus limites no conjunto da obra machadiana. De fato, podem ser considerados situados em um espaço de indefinição dos textos breves que costumam ser denominados "diálogos dramáticos" os quais, sendo textos parateatrais, híbridos, fronteiriços e, em todo caso, de difícil descrição genérica, aparecem em compilações de crônicas e narrativas curtas ou integrados nos diversos romances de Machado.[4]

---

4 Como exemplo significativo dessa indefinição e instabilidade genéricas, pode servir o fato de que se reproduzam quatro desses "diálogos dramáticos" na edição do teatro machadiano de Teresinha Marinho (1982) que desaparecem na realizada por João Roberto Faria,

Por óbvias razões de espaço, não podemos aqui introduzir-nos na discussão sobre se os diálogos dramáticos do autor de *Quincas Borba* estão ou não concebidos para ser representados em um "local onde se vê", para ser "objetos de contemplação" – pois não outros são os significados etimológicos do vocábulo "teatro" (de *theatron* griego) que, progressivamente, foi esfumando esses primitivos sentidos. Isto é, se além da evidente "dramaticidade" desses textos machadianos, entendida como aquilo que os diferencia de todos os restantes textos literários, podemos falar de "teatralidade", concebida como o específico da representação, do espetáculo.

De todo modo, qualquer posicionamento na discussão afeta uma gama de aspectos que só revelam a dificuldade de uma solução satisfatória, a qual momentaneamente há de faltar, fosse qual fosse o resultado a que chegássemos, a comprovação efetiva, ou verificável da *mise-en-scène*.

Assentados tais pressupostos prêmios, digamos que, em nossa opinião, a dramaturgia do autor de *Memorial de Aires* pode ser agrupada em dois grandes tipos de textos (ou "projetos") dramáticos: os que podemos agrupar sob a epígrafe de "textos (para)teatrais", dos que aqui nos ocupamos exclusivamente, e os "textos (para)literários", concebidos aprioristicamente só para ser lidos e que são agrupáveis sob os rótulos simplificadores de "literários" – ou, se assim se desejar, *closet drama*, *Lesedrama* ou *théâtre dans un fauteuil* –, "para ler" ou "livrescos".

A diferença entre ambos tipos de textos, de essência dialogal e tendência ao estatismo, estriba na relevância, nos textos "(para)teatrais", de uma dramaticidade e teatralidade solidárias e de uma concentração da ação e do efeito dramáticos – com uma tensão colocada a serviço do discurso, nesse caso, da escassa ação ou em virtude do final ou desenlace –, ao passo que, nos "(para)literários", torna-se efetiva a dissolução da teatralidade e a dispersão ou carência da ação, em um mundo monologal – sob uma falsa e só aparente forma dialogal – e subjetivo, existindo uma menor fixação do tempo e do espaço dramáticos.

---

pois o critério usado – para prescindir também de outros tantos diálogos dramáticos equivalentes –, como indica o estudioso na "Nota sobre a presente edição" (2003: XXXVI), é o de "reunir os textos de Machado que podem ser classificados como peças teatrais".

Nesse instável território, não deixa de ser significativa, consequentemente, a facilidade com que as extraordinárias obras ficcionais do autor de "O anel de Polícrates", tanto contos quanto romances, permitem uma fácil adaptação teatral desde o coincidente espaço dialogal,[5] assim como não é menos relevante a existência de uma dupla e diversificada realização genérica de uma mesma "ideia-obra": uma primeira teatral escrita entre 1863 e 1865, As forcas caudinas, e uma segunda derivada, que a integra em moldes narrativos mais dilatados, "Linha reta e linha curva", primeiro publicada como foletim no Jornal das Famílias (1865-1866) e depois como conto longo em Contos fluminenses (1870).[6]

Certamente, devido à sua conversão e difusão como narrativa, essa convincente obra teatral permaneceu manuscrita e inédita enquanto Machado vivo e só foi publicada em 1956. Trata-se de uma comédia refinada em dois atos, próxima também da modalidade do provérbio dramático, tão ao gosto do autor carioca, (de)mostrando de manera impresiva, em jogos entrecruzados de engano e sedução, como a protagonista acaba passando sob as forcas caudinas por "queimar-se nas chamas do fogo com o qual havia decidido brincar". Sua linha de argumentação poderia resumir-se grosseiramente da seguinte maneira: Emília, uma jovem, duas vezes viúva, se apaixona em Petrópolis por um antigo pretendente outrora repelido, Tito, que aparenta abominar o amor para conquistá-la. Construída com felizes situações humorísticas e convincentes personagens, que por meio dos diá-

---

5 Sirva como um paradigmático exemplo, a extraordinária representação – a que pudemos assistir com fascinação –, em setembro de 2006 no Teatro Ipanema do Rio, do romance Memórias póstumas de Brás Cubas, adaptado e dirigido por Tereza Briggs-Novaes em alguns modelares parâmetros, perfeitamente adequados à sua complexa potência espetacular.

6 Para as implicações dessa metamorfose genérica, reenviamos, por um lado, ao iluminador estudo e edição de Ana Cláudia Suriani da Silva (2003). Por outro lado, nos parece pertinente remeter, de maneira significativa aos efeitos aos que aqui estamos referindo-nos, também a uma montagem teatral, adaptada e dirigido por Dudu Sandroni, a partir do texto narrativo, e não daquele da obra dramática. Espetáculo – ao qual pudemos assistir em novembro de 2009 no Casarão Austregésilo de Athayde no conotado Cosme Velho do Rio – que alcançou uma notória repercussão – como comprova o fato de haver sido de novo representado no Teatro da Academia Brasileira de Letras em julho e agosto de 2010 –, apesar de, segundo nossa opinião, ser uma montagem parcialmente falida porquanto excessivamente modernizadora, hibridada, mesclada e descaracterizada.

logos fluidos alcança um razoável ritmo dramático, pode ser considerada um bom exemplo de uma interessante comédia na qual, de maneira feliz, harmoniza-se a prática da escritura com a prática da representação facilitando sua *mise-en-scène*.

Em fins de novembro do ano de 1862, quando, conforme indicamos, haviam estreado *O caminho da porta* e *O protocolo*, Machado escreve uma terceira obra teatral curta *Quase ministro*, para ser representada entre os amigos na "Rua da Quitanda" e os habituais saraus literário-musicais da época. Uma concepção diferente daquela dos provérbios dramáticos é a que preside essa excelente peça teatral, ao adotar uma comicidade mais criticamente social e uma ágil e mesurada estrutura fársica, com o desfile cênico da ridícula e satirizada diversidade tipológica de aproveitados e parasitas, tão cariocas e, no final, de qualquer parte.

Quase ministro apresenta o deputado Luciano Alberto Martins, sobre quem corre o boato de maneira insistente de que vai ser nomeado ministro, com o contraponto de seu primo, o Doutor Silveira Borges, diletante apaixonado por cavalos, que explica, de maneira direta e por meio de uma parábola final, o degradado sentido, entre o poder e a desilusão, dos oportunistas visitantes. Basta o boato, para que desfilem pela casa do deputado, em busca de seu proveito, ridículos parasitas e impositivos aduladores de diferente categoria que, ao ver que é outro o nomeado do ministro, rápida e finalmente, deixam em paz Luciano, reorientando seu interessado objetivo: José Pacheco, iluminado sábio, analista e profeta político; Carlos Bastos, "filho das musas" a serviço do poderoso futurível para quem já lhe havia feito servilmente uma ode; Mateus, inventor de uma desmedida e onipotente peça de artilharia, "O raio de Júpiter", que permitirá ao Brasil obter a "soberania do mundo"; Luís Pereira que o convida para almoçar, pretendendo-o como padrinho de um filho, pois conta seus filhos por ministérios e assim está aparentado com todos os gabinetes; o Sr. Müller, "cidadão hanoveriano", apoiado com veemência por razões amorosas –"eu namoro a prima-dona"– por Agapito, amigo de Silveira, que pede uma subvenção para um "verdadeiro negócio da China": um inigualável teatro lírico no Rio, onde atuarian os melhores e mais esplendorosos artistas da época.

Em nossa opinião, é essa uma exitosa comédia, como, por outros motivos, o é também *Os deuses de casaca*. Esta, escrita em 1864 e, após ser revisada, estreada em um "sarau" da "Arcádia Fluminense" em 1865, foi publicada no ano seguinte. A peça apresenta os deuses olímpicos dialogando em perfeitos e dificultosos versos alexandrinos sobre a tentação de converter-se em humanos, conquistar várias deusas humanizadas[7] e assumir papéis sociais e tipológicos da alta sociedade carioca da segunda metade do século XIX, sofrendo uma transformação socializadora conforme seus traços originários: o grande Júpiter como poderoso banqueiro, Marte como combativo jornalista, Apolo como crítico literário e esteta, Proteu como protótipico e intrigante político, Cupido como elegante janota da Rua do Ouvidor, Vulcano como agudo polemista e Mercúrio como eloquente e influente orador.

Ainda tendo sido considerada, de maneira excessiva, pelo próprio autor como "desambiciosa", criticamente "anódina" e satiricamente "inocente", a obra, emoldurada pelos acertados parlamentos dirigidos ao público pelo Prólogo e pelo Epílogo, discorre de maneira graciosa e estatizante, apresentando uma ligeira mas acertada crítica da alta sociedade burguesa fluminense, a partir do *aggiornamento* atenuador da perda da divindade dos protagonistas.

Já em 1870, publica, no livro de poemas *Falenas*, a peça teatral breve em alexandrinos *Uma ode de Anacreonte* que parte, em sentido lato, do conjunto da lírica anacreôntica e, em concreto, da tradução – que parcialmente reproduz – de uma das odes do poeta grego, versão elaborada pelo poeta português e "(ex)mandarim" arcádico Antônio Feliciano de Castilho, a quem já havia dedicado a obra precedente. Essa irregular comédia arcaizante e densamente lírica, que só na habilidade técnica da construção dos alexandrinos é comparável à anterior, nos apresenta na antiga Hélade à cortesã Mirto que se debate, em uma pertinaz indecisão, entre escolher para amante ao rico Lísias ou ao poeta Cleón.

---

7   Deusas que estão ausentes da cena – ou, melhor, presentes *in absentia* nos diálogos – por causa da imposição no encargo da obra de que nela "não entrassem senhoras". Assim, por exemplo, Vênus nos é retratada como amalucada e desejada dama de salão, referindo também os parlamentos a Diana, Juno ou Hebe como "fonte dos prazeres" e objetos do humanizado desejo dos agora "bichos da terra" e outrora deuses.

A degradação do teatro presente nos palcos cariocas, com o progressivo desaparecimento, já desde meados dos anos 1960, das diversas tendências da renovadora e reformadora escola teatral realista e sua substituição por um teatro menor "vaudevilesco" e/ou "bulevardeiro", de baixa comicidade, facilmente costumbrista e carente de qualquer intenção moral e social elevadas, provocou o desencanto de Machado que, continua emitindo já de maneira pontual opiniões e julgamentos críticos, só depois de uma década de agrafia dramatúrgica, voltaria ao teatro em sua maturidade criativa, escrevendo três de suas melhores obras: *Tu só, tu, puro amor...* (1880), *Não consultes médico* (1896) e *Lição de botânica* (1905).

Por ocasião das celebrações pelo tricentenário da morte de Camões e por encomenda do Real Gabinete Português de Leitura do Rio de Janeiro, o autor de *A mão e a luva* escreve a excelente comédia *Tu só, tu, puro amor...* que se representa no Teatro D. Pedro II, em 10 de junho de 1880, sendo publicada em 1881, em um volume junto às *Memórias póstumas de Brás Cubas*, e, de novo em vida do autor, na miscelânea de 1889 *Páginas reunidas*. Localizada em 1545, na corte lisboeta de D. João III, nas palavras de advertência do próprio Machado, "o desfecho dos amores palacianos de Camões e de Dª Catarina de Ataíde é o objeto da comédia, desfecho que deu lugar à subsequente aventura da África, e mais tarde à partida para a Índia, onde o poeta devia regressar um dia com a imortalidade nas mãos".

A obra traz *à l'avant-scène* os amores juvenis, bem-amados de Manuel de Portugal e Dª Francisca de Aragão e repelidas pelo pai de Dª Catarina, D. António de Lima, que consegue do monarca o desterro do admirado poeta apaixonado, com o auxílio das intrigas promovidas pela inveja literária que também professa o também poeta Pero Vaz de Caminha.

Com um primoroso processo de intertextualidade, que incorpora de maneira natural não poucas citações textuais da obra camoniana nos parlamentos – começando pelo título que reproduz as seis primeiras sílabas de um conhecido decassílabo de *Os Lusíadas* – é talvez, por sua contenção no desenvolvimento do discorrer dramático, por sua sugestiva linguagem evocadora e por sua exatidão expressiva, um dos textos teatrais mais justamente (re)conhecidos de Machado.

Esse reconhecimento de excelência é compartilhado com suas duas últimas e melhores comédias que, de maneira circular, retomam os mecanismos e usos do modo proverbial com o qual Machado havia iniciado e edificado a maior parte de sua produção dramática. A primeira, *Não consultes médico*, publicada na *Revista Brasileira* mais de três lustros depois que põe em cena de maneira breve, em um gabinete na Tijuca, a demonstração em âmbito amoroso de que, adaptando-o *ad hoc*, "não se deve consultar um médico, mas sim quem tenha estado doente". Os jovens Cavalcante e Dª Carlota, decepcionados com amores, imaturos e um pouco simples, acabam curando-se e apaixonando-se entre eles sem necessidade dos "remédios" da mãe de Carlota, Dª Leocádia, que, presumindo-se "médica" para as doenças morais e/ou amorosas, os pretende curar: ele, enviado por dez anos em missão à China e ela, à Grécia, com Magalhães e Dª Adelaide que, agora como feliz casal graças à passada intervenção "curativa" da "doutora", para ali vão viajar.

Machado de Assis finaliza sua relevante produção dramática com aquela que, consensual e inegavelmente, é considerada sua melhor e mais exitosa comédia, *Lição de botânica*, escrita em 1905 e publicada no ano seguinte no volume *Os papéis de casa velha*, parte de novo da influência mussetiana – a personagem Cecília cita em francês e *ipsis verbis* o título de uma das obras, já antes referida, do *enfant du siècle*: *Il faut qu'une porte soit ouverte ou fermée*. Em uma mansão do bairro carioca do Andaraí, entra D. Sigismundo de Kernoberg, botânico sueco que vem pedir a Dª Leonor que impeça a entrada de seu sobrinho Henrique na casa, pois seus amores com Cecília o desviariam do celibato e do retiro necessário para bem servir à ciência botânica. Dª Helena, a "irmãzinha" viúva, decide e consegue conquistar um duvidoso Sigismundo, demostrando-lhe, também para facilitar os amores de Cecília, que ciência e casamento são compatíveis e convenientes.

Três anos antes de seu falecimento, o primeiro presidente da Academia Brasileira de Letras encerra, com essa graciosa, humorística e perfeita comédia, a trajetória teatral de um autor que, quase com exclusividade, acabaria sendo admirado, de maneira compreensivelmente desmedida, por seus contos e, em especial, por suas obras-primas romanescas, como "casmurriano" descobridor das contradições, vícios e virtudes da sociedade e como acurado dissecador do interior dos seres humanos, não apenas da época que lhe coube viver.

Não obstante, poderão concordar conosco em que uma tal limitação, como procuramos mostrar nessas heteróclitas páginas, restringe uma realidade escritural muito mais variada, na qual algumas de suas obras de teatro – como ocorre também, por outras poderosas razões e diversos motivos, com seu exercício da crônica e uma pequena parte de sua obra poética – devem ser ponderadas objetivamente como interessantes, se não magníficas, mostras de elegante comicidade e parcial representação da moral e os valores do estamento social hegemônico, tanto na época do "Segundo Império" de D. Pedro II, como no advento e primeiros lustros da República no Brasil.

Escapando da ilusória aspiração de confluência do real e do representado que Machado defendia no modelo reformador da alta comédia realista, vemos que, com o pasar do tempo, sua menos pretensiosa e comprometida obra "proverbial" lhe permite assumir que a imagem no espelho permanece como uma imagem. Em consequência, a pretensão teatral machadiana, com a qual intitulamos estas páginas, de "reproduzir a sociedade no espelho fotográfico da forma dramática" mudou em um especular e datado espelhismo, entre a impositiva realidade de seu mundo interior e o irreal desejo de sua vida exterior de, apesar de tudo, estampar determinados aspectos sociais contemporâneos.

Como conclusão – ou, melhor, *incitation*, à maneira proustiana –, dado que somos plenamente conscientes de que esses comentários ancilares – que, apesar de dirigirem-se parcialmente contra o consensual, esperamos que não motive nenhuma das turbas lapidadoras que a princípio mencionávamos – não podemos substituir ao lido e ao representado, ou dito em "provérbio" demonstrado que, no mínimo, os textos do literariamente divino Machado de Assis serão "sólidos só lidos", só nos resta convidá-los à leitura – e, se for possível, à representação – dessa interessante escritura teatral que, mesmo não concebida somente para ser lida, também se pode e deve ler.

Referências bibliográficas

Faria, J. R. (Org.). *Teatro de Machado de Assis*. São Paulo: Martins Fontes, 2003 (Coleção Dramaturgos do Brasil, 5).

_____. "Machado de Assis, leitor e crítico de teatro". In: *Estudos Avançados*, 18 (51), 299-333 <http://www.scielo.br>, 2004.

Marinho, T. (Coord.). *Machado de Assis. Teatro completo*. Rio de Janeiro: Ministério de Educação e Cultura / Secretaria da Cultura / Serviço Nacional de Teatro, 1982 (Coleção Clássicos do Teatro Brasileiro, 6).

Roubine, J.-J. *Introduction aux grandes théories du Théâtre*. Paris: Bordas, 1990.

Suriani da Silva, A. C. (Org.). *Linha reta e linha curva – edição crítica e genética de un conto de Machado de Assis*. Campinas: Unicamp, 2003.

Tornquist, H. *As novidades velhas*. São Leopoldo: Unisinos, 2002.

Uma conversa de vizinhos: a crônica jornalística em Machado de Assis, entre o local e o universal

Javier Sánchez Zapatero
Universidade de Salamanca

Machado de Assis, jornalista

A vasta e heterogênea produção literária de Joaquim María Machado de Assis tem cabimento para o romance, o conto, a poesia, o teatro, a crítica literária e a crônica jornalística. Apesar de que ter sido cultivada de forma constante durante quase cinco décadas em jornais e revistas como *Marmota Fluminense* – onde apareceu seu primeiro poema em 1854, quando tinha quase quinze anos –, *O Paraíba, Diário de Rio de Janeiro, Semana Ilustrada, Correio Mercantil, Diário Oficial, O Espelho, Jornal das Famílias, O Globo, O Futuro, Cartas Fluminenses, Ilustração Brasileira* ou *Gazeta de Notícias*,[1] e cuja importância quantitativa é tamanha que, a data de hoje, continua sendo impossível cifrar de forma exata o número de textos que publicou, é talvez esta última disciplina a que até agora menor atenção recebeu dos especialistas que se aproximaram de sua obra.[2]

Sob esse aparente desinteresse subjaz, por um lado, a ambiguidade com que a teoria literária qualificou tradicionalmente os textos jornalísticos

---
1 Nessas duas últimas publicações, Machado teve seções fixas. Em *Ilustração Brasileira* suas crônicas apareceram entre 1876 e 1878 sob o título genérico de "História de quinze dias", ao passo que os textos que escreveu para *Gazeta de Notícias* fizeram-no nas séries "Balas de Estado" (1883-1886), "Buenos días" (1888-1889) e "La semana" (1892-1897).
2 Existem, não obstante, estudos monográficos como os de Cunha Santos (1999) ou Gustavo Corção (1997).

interpretativos, distanciados dos literários por seu caráter referencial e por sua vontade informativa, mas, ao mesmo tempo, unidos a eles pela intencionalidade artística, o trabalho formal, o olhar extranhável ou a própria condição de literatos que muitas vezes tem seus autores. Por outro lado, e deixando à margem a força com a que a inovadora narrativa machadiana obscurece outros aspectos de seu produção, é necessário também fazer referência à habitual consideração de *género menor* que persegue a crônica e, em geral, todos os textos jornalísticos para justificar a desatenção da crítica especializada. Seu caráter de novidade, unido de forma inevitável ao desenvolvimento da imprensa periódica – generalizado entre fins do século XVIII e meados do XIX graças a fatores como a alfabetização das sociedades, a constituição de uma esfera pública de discussão e debate ou a evolução dos processos de produção industrial –, assim como sua inserção em um suporte caduco como o dos meios de comunicação, carente do valor totêmico do livro, justifica essa condição.[3]

Semelhante falta de atenção não há de ocultar a importância que teve a escritura jornalística no processo de formação de Machado de Assis como escritor. A crônica há de ser considerada como o "banco de provas das complexas observações sobre a realidade em que seus contos e romances se desdobram" (Saavedra, 2008) e, em consequência, como uma aresta a mais a considerar na composição de um sentido global e unitário para toda sua trajetória. É fácil identificar nos trabalhos jornalísticos de Machado algumas das constantes temáticas que limitaram sua produção narrativa. Assim, é impossível não reconhecer a marca de "O alienista" e a reflexão sobre a di-

---

3 De fato, já em 1873 o próprio Machado de Assis queixou-se de que "a despeito de sua aparente facilidade [...], o público não lhe dá [...] toda a atenção que se merece" (1998: 242). Embora as palavras do escritor brasileiro, incluídas no ensaio *Instinto de nacionalidade*, se referiam ao conto, podem ser aplicadas também à crônica e a todos os textos que na época os jornais e revistas acolhian, marcos heterogêneos que não se limitavan a informar e que davan espaço a poemas, obras de teatro, críticas literárias etc. Ao que se refere a denúncia de Machado é, no funndo, ao fato de que os leitores julgam, às vezes, os textos, mais que por sua natureza, conteúdo ou forma, por aspectos extratextuais como sua aparência ou o contexto por meio do qual são transmitidos ou pelas expectativas interpretativas que por sua adscrição genérica despertam.

mensão social da loucura e os tênues limites – e muitas vezes imprecisos – que a separam da cordura em artigos como "Fuga do manicômio"[4] ou "Um homem honesto", no qual se reflete sobre como as pessoas se acostumam a ser julgadas não pelo que são, mas pela consideração que se tem para com elas. Não há de ser estranha a recorrência com a que abordou esse tema em sua obra Machado, quem foi discriminado por suas origens sociais, sua raça e seus problemas físicos e fez de sua vida uma contínua luta dirigida a que os demais viram *mais além* de seus preconceito e puderam aceitá-lo tal como era.[5] Não em vão, segundo Pablo del Barco (1991: 30), é característica comum à literatura do autor, tal e como pode ser observado nos romances *Memórias póstumas de Brás Cubas*, *Dom Casmurro* ou *Quincas Borba*, o fato de estar escrita sob "a síndrome do *status* social das personagens: todos desejam adquirir um patrimônio material, estabelecer-se em um nível social melhor...". Do mesmo modo, a fina ironia que salpica todos os escritos do autor está presente em suas crônicas, que também refletem a dialética entre o local e o universal, característica essencial, segundo Schwarz (2009),[6] da literatura machadiana.

Machado de Assis, intelectual

Não apenas na relação com a obra literária há de calcular-se a importância da escritura jornalística machadiana. Também há de levar-se em

---

4   Levando em conta que o protagonista do relato se considera, com grande dose de loucura, o único homem cordo que há sobre a terra, é paradigmático que Machado de Assis (2008: 150) escreva na crônica que não pode "deixar de desconfiar de todos", pois nada diferencia os loucos dos que não o são – "de agora em diante, quando alguém vier me contar as coisas mais simples do mundo, embora não me arranque os botões, permanecerá em mim a incerteza de se é uma pessoa corda, ou se só está em um daqueles intervalos lúcidos que permitem atar as pontas da demência às da razão" (Machado de Assis, 2008: 151).
5   "Embranquecendo se sobe à glória, a glória social: esbranquecer é a ideia permanente de negros e mulatos na época do nascimento de Machado de Assis [...]. [Sua vida] é reta como uma corda esticada na vontade de prosperar, de esquecer sua origem" (Barco, 1991: 12).
6   Grosso modo, o que Roberto Schwarz – talvez o mais destacado especialista na obra machadiana, autor dos ensaios *Ao vencedor as batatas* e *Um mestre na periferia do capitalismo* – sustenta que é na literatura de Machado onde se fundem as teses universais com os detalhes localistas das personagens e cenários (2000: 17 e ss.)

conta que graças às crônicas que pontualmente foi publicando nos diversos meios de comunicação nos quais colaborou, o escritor foi consolidando-se como intelectual capaz de criar opinião na esfera pública.[7] De fato, Machado sempre concebeu os meios de comunicação como instrumentos de mudança social, pois, tal e como afirmou em um de seus primeiros artigos, publicado a princípios da década de 1860, "a palavra escrita na imprensa [...] produziu sempre uma grande transformação: é o grande *fiat* de todos os tempos" (Machado de Assis, 1998: 804). Com semelhante declaração, o autor parecia referir-se a como os escritores conseguiram dotar-se de uma "autoridade laica" (cf. Benichou: 22 e subsequentes) de forma progressiva, pôde consolidar-se e fazer frente às autoridades tradicionais – eclesiástica e governamental. Graças a esse novo papel, conseguido pela criação nas sociedades de uma esfera de discussão e debate configurada, entre outras coisas, por meio do desenvolvimento da imprensa, escritores, jornalistas e homens de letras, tomaram consciência de sua dimensão pública, passando a desempenhar um importante papel na construção do amálgama de discursos que forjam a memória coletiva dos povos e, com isso, seu particular imaginário. A força de sua influência gnoseológica os levou a converter-se em um "grupo social que tem a particularidade de possuir um quase monopólio da produção de discurso sobre o mundo social" (Bourdieu, 2005: 92). Desse modo, Machado de Assis, como outros intelectuais brasileiros da época, como José de Alencar ou Antônio Gonçalves Dias, se caracterizaria por sua vontade de atuar por meio de seus escritos na imprensa e por sua convicção de que graças à escritura pode-se incidir na sociedade circundante. Não em vão, em seu artigo "O jornal e o livro", o próprio autor definiu jornal como "literatura cotidiana", assinalando entre suas funções a de "dar conta e conter nosso século e seu desenvolvimento" (Machado de Assis, 1997: 946).

---

7   Para aprofundar-se no estudo do processo da criação dos intelectuais, podem ser consultados os estudos de Habermas (1981), Benichou (1992) e de Bourdieu (2005), cujas conclusões, surgidas após o estudo da história do pensamento ocidental – e, em concreto, dos casos alemão e francês –, podem ser adaptadas e aplicadas a outros contextos como o brasileiro.

Para entender semelhante capacidade de influência, é preciso levar em conta que a princípio do século XIX se produziu no contexto da cultura brasileira a paulatina substituição da figura do escritor *oficial* – auspiciado pelo patrocínio de uma academia ou instituição de poder e, em consequência, sujeito a algumas normas e diretrizes determinadas – pela do intelectual – caracterizado por sua independência criativa e por sua independência econômica – graças ao desenvolvimento da imprensa independente, mais tardio no Brasil que no restante dos grandes países de Ibero-América. O atraso se deu, fundamentalmente, ao férreo controle imposto pela política cultural da metrópole durante todo o século XVIII (cf. Checa Godoy, 1993: 32-35)

O processo pelo qual Machado conseguiu elevar-se a uma das mais importantes figuras públicas brasileiras da época, respeitada não apenas no âmbito da criação literária, como também no do pensamento e a observação social constou, segundo Teodoro Koracakis (2010), de três fases marcadas por sua relação com os meios de comunicação. Na primeira, Machado de Assis utiliza os jornais como meio de subsistência, como fonte de aprendizagem e como plataforma para impulsionar o decolar de sua carreira como escritor, publicando numerosas obras de criação nas páginas dos diversos cabeçalhos que colaborou. A segunda fase, iniciada na década de 1870, coincidindo com o início de sua trajetória como narrador,[8] caracteriza-se pela crescente importância que adquirem os textos testimoniais e interpretativos como a crônica e pela respeitabilidade que, à mercê de sua experiência e da repercussão de sua obra literária, vão adquirindo tanto suas opiniões quanto sua assinatura – não em vão, o uso de pseudônimos e acrônimos, habitual em seus começos, é cada vez menos frequente nessa época,[9] na qual o autor afirma escrever "com a certeza (ou a esperança!) de que há olhos demais" (Machado de Assis, 2008: 32) postos sobre ele. E na terceira, Machado aparece nos jornais já não mais como cronista, mas como uma figura

---

8 Apesar de Machado haver publicado, desde 1854, poemas e obras de teatro, sua primeira coleção de relatos – *Contos fluminenses* – data de 1870, e seu primeiro romance – *Ressurreição*, de 1872.

9 M.A., As., M. de A., M. –as., Job, Lelio, Dr. Semana, Gil, Manassés, Eleazar o Malvelio foram algumas das formas empregadas por Machado para assinar seus textos.

literária perfeitamente reconhecível para o público leitor do Rio de Janeiro[10] que escreve sobre assuntos de interesse público e que utiliza os meios para os quais colabora como "forma de divulgar e fazer campanhas para os lançamentos de seus livros, sendo inclusive objeto de notícias e retratos" (Koracakis, 2010). Desse modo, e tal como assinalou Barreto Filho (1969: 135), o autor conseguiu converter-se "no primeiro e mais acabado modelo de homem de letras autêntico no Brasil".

Machado de Assis, cronista

Em seus escritos jornalísticos, Machado não apenas se mostra interessado pela sociedade que o rodeia, como também evidencia igualmente uma constante preocupação metaliterária. Demonstrando ser um autor atento tanto à criação quanto à reflexão em 1887, em "A origem da crônica", apontava a possibilidade de que o nascimento da crônica teria sido "coetâneo das primeiras duas vizinhas [...] [que] se sentavam à porta para esmiuçar os acontecimentos do dia" (2008: 10). De forma análoga, em "O ofício do cronista" identificava seu labor com o de quem há de estar "espremendo os acontecimentos da rua" (Machado de Assis, 2008: 31). A simplicidade de ambas as definições não esconde sua precisão, pois reúne tanto a necessária dimensão temporal – já apontada na origem etimológico da palavra – como a heterogeneidade de conteúdos. Se por alguma coisa a crônica é caracterizada, de fato, tal e como sustentou Albert Chillón (1999: 121), é por ser "a forma mais espontânea de relatar acontecimentos de qualquer tipo". Em termos seme-

---

10 O Rio de Janeiro foi a cidade com mais atividade jornalística do Brasil durante o século XIX. Nas duas primeiras décadas, antes da Independência, existiram mais de doze títulos, muitos dos quais desempenharam um importante papel na divulgação de ideias revolucionárias. Depois de 1822, a posição nuclear do Rio como centro de produção de meios de comunicação impressos continuou e, de fato, desde meados de século editaram-se jornais de vida longa e notável importância como *Semana Ilustrada*, *Diário do Rio de Janeiro* ou *Gazeta Popular*. Em fins de século, coincidindo com a explosão migratória que levou a cidade a quase cem mil estrangeiros, criaram periódicos em idiomas forâneos: espanhol, alemão, italiano e síirio (cf. Checa Godoy, 1993: 244).

lhantes expressaram-se Álvaro Ruiz Abreu (2007: 23), para quem é "uma narração de feitos históricos [...] que permite à individualidade de seus autores", e Luis Núñez Ladeveze (1995: 85), que afirmou o fato de "o cronista sentir-se livre para selecionar e organizar os fatos sobre os quais escreve". A diversidade temática aludida por ambas as definições pode ser detectada na produção de Machado, que trata de assuntos da mais diversa índole: literatura, política,[11] vida cotidiana, filosofia, economia, arte...

Pelo que se refere ao aspecto formal, também a variedade é elemento distintivo. É costume assinalar como características do estilo e a organização discursiva da crônica "o tom pessoal [...] e a liberdade da ordem expositiva" (Núñez Ladeveze 1995: 85). Assim, cada um dos textos de Machado de Assis parece diferente do anterior, provocando com isso que o leitor chegue a eles de forma virginal, sem expectativas prévias sobre a estrutura ou a forma de apresentar os acontecimentos.[12] Algumas vezes, o autor começa com uma máxima ou aforismo que depois aplicará, no desenvolvimento do texto, a uma situação concreta; outras, utiliza um esquema dedutivo que inverte os termos, fazendo com que a conclusão recolha o sentido do texto da história relatada; há ocasiões em que aplica o método humanista de contrapor opiniões sobre um tema utilizando estruturas coloquiais; é possível também encontrar exemplos de textos meramente descritivos sobre a atualidade do Brasil nos quais não aporta opinião alguma etc. Podem ser encontrados, inclusive, na ingente produção do escritor exemplos de crônicas em verso – "Balada de fim de século" – ou dialogadas – "Diálogo de dois astros". Essa heterogeneidade estrutural, inerente tanto ao gênero quanto à própria natureza de um autor que se destacou por alguma coisa foi precisamente por seu caráter "inclassificável" (Campos, 2000: 6), não é óbice para achar

---

11 A crítica costuma assinalar uma de suas crônicas políticas – "O velho senado" – como um texto importante da literatura brasileira (cf. Trías Folch, 2006).
12 O autor apenas utilizou nas crônicas publicada na série "Bom dia" estruturas fixas, repetindo a princípio e no final do artigo as mesmas fórmulas estereotipadas ("Bom dia" e "Boa noite").

unidade formal e um ideário comum que vertebre toda a obra jornalística de Machado de Assis. Segundo Gustavo Corção (1997: 326), apesar da diversidade de estruturas, modos de exposição e recursos expressivos, é possível detectar nas crônicas uma técnica comum àquela que ele denomina "de desenvolvimento", consistente em cujos textos o autor "vai de uma aqui para ali, passando do geral para o particular, do abstrato ao concreto, do atual ao clássico, do pequeno ao grandioso, do real ao imaginário". Em termos semelhantes assim se expressou Gregório Saavedra (2008), para que as crônicas machadianas se caracterizam por transitar "livremente de uma para outra questão sem reparar na hieraquia nem na gravidade ou seriedade dos assuntos".

Saltando de um tema para outro, modificando os enfoques desde os que refletem uma realidade e relacionando assuntos de diversa índole, Machado consegue esboçar um retrato global da sociedade brasileira da segunda metade do século XIX. Sem chegar ao esquematismo da literatura de quadros e de tipos, sua obra jornalístico tem muito de costumbrismo[13] e, de fato, não é estapafúrdio detectar analogias com a de outros autores do século XIX como Washington Irving, Mariano José de Larra ou Charles Dickens: estrutura unitária, brevidade, inclusão de comentários e opiniões pessoais e, fundamentalmente, a intenção de captar cenas e situações com as quais esboçar um retrato social (cf. Chillón 1999: 127 e ss.). Em consequência, é possível qualificar as crônicas machadianas como uma contínua e progresiva intenção de, primeiro, dar conta e, depois, compreender e valorizar[14] as profundas mudanças sociais e políticas ocorridas na segunda metade do século XIX. Segundo Carlos Guilherme Mota e Adriana López (2009: 396 e subsequentes), a transformação do Brasil, da qual foram fenômenos decisivos a abolição da escravatura e a proclamação da República em fins da década de

---

13 Trata-se de palavra de origem espanhola que equivale, na literatura espanhola, à pintura realística dos costumes.
14 "O cronista [vive] ouvindo e tocando o sentimento da cidade para denunciar, aplaudir ou apupar, conforme nosso humor e nossa opinião" (Machado de Assis, 2008: 32).

1880, modificou de forma progressiva a fisionomia do país "com a imigração, a industrialização e o crescimento urbano".

Machado de Assis, observador

Atendendo a esta leitura, as crônicas podem ser interpretadas como uma mostra da dialética, típica na época, entre progresso e tradição. Presente de forma constante na história da América Latina, a tensão entre ambos os conceitos parece ter suas raízes no próprio descobrimento da América, interpretado a partir da Europa como uma confrontação entre a civilização ocidental e a barbárie que representavam as formas de vida dos indígenas. Foi, no entanto, o século XIX a época em que o debate se vertebrou intelectualmente até elevar a dicotomia à categoria de senha de identidade cultural latino-americana, graças às colaborações de autores como o argentino Domingo Faustino Sarmiento, que tratou do tema em *Facundo*.[15]

Inimigo do maniqueísmo e das posturas férreas e inflexíveis, Machado de Assis parece advogar por uma integração entre o moderno e o antigo que possa tornar compatíveis os avanços que melhoram a vida dos cidadãos com o respeito às tradições. Para Machado (2008: 69-70), o passar do tempo e a evolução das sociedades parecem trazer consigo inevitáveis mudanças para aqueles que põe-se de forma inútil, pois "o vapor há de ser [substituído] pelo globo, e o globo pela eletricidade, a eletricidade por uma força nova que transportará sem remédio esse trem do mundo até a última estação". A necessária aceitação do progresso como premissa fundamental da mudança social não pressupõe, no caso de Machado, uma fé ilimitada nas possibilidades do homem para controlar seu entorno nem uma repulsa às formas de vida ancestrais. Nem apocalíptico nem integrado – "não é meu ofício censurar as glórias do progresso" (Machado de Assis, 2008: 75), escreverá em 1892 –,

---

15 O subtítulo de Facundo em "Civilización y barbarie en la Pampa Argentina".

o autor utilizou em inúmeras ocasiões anedotas da realidade cotidiana para expor a tensão entre o antigo e o moderno em que se encontrava a sociedade brasileira.[16]

Uma das mais recorrentes foi a referida à instalação, a partir de 1859, de forma experimental, e desde a década de 1880, de forma permanente, dos bondes elétricos – denominados por Machado, utilizando o neologismo inglês, *bonds* –[17] na cidade do Rio de Janeiro.[18] O autor deu conta em numerosos artigos das mudanças que trouxe consigo a implantação do novo meio de transporte,[19] que substituiu os veículos de tração animal, assim como o impacto que produziu na cidadania, cuja atitude oscilou entre a mais absoluta admiração – "percebia-se nos olhos do motorista a convicção de que havia inventado não apenas o *bond* elétrico, como também a mesma eletricidade" (Machado de Assis, 2008: 75), assinalava o irônico e crítico Machado ao referir-se ao entusiasmo com o qual alguns acolheram a chegada dos novos bondes – a repulsa –, especialmente furibundo quando se produziram as primeiras vítimas de atropelamento, das que o autor não quis tornar responsável os novos veículos, pois "a necrologia dos *bonds* puxados por burros é também prolongada e lúgubre" (Machado de Assis, 2008: 188) – e a negativa

---

16 Sua visão da tradição brasileira acha-se tingida de europeísmo, pois para Machado de Assis (2008: 654) "a civilização não está ligada a elemento indígena nem recebeu desta nenhuma influência".

17 Atualmente, a palavra portuguesa para referir-se aos bondes é *bondinho*.

18 Anterior aos de Londres, Paris, Roma, Madri, Lisboa e outra cidade qualquer na América Latina, a rede de bondes elétricos do Rio de Janeiro é uma das mais antigas do mundo. A importância desse meio de transporte foi tal que, a princípios do século XX, o Brasil dispunha da maior frota construída fora dos Estados Unidos. Aliás, segundo Carlos Guilherme Mota e Adriana López (2009: 380), "o fenômeno das estações ferroviárias foi decisivo para a irradiação de um certo padrão de vida urbana".

19 A presença do bonde é uma constante nos artigos jornalísticos de Machado. Em algumas ocasiões, o autor desenvolve um tema do que afirma haver tido constância enquanto viajava nele – ouvindo uma conversa ou, mais frequentemente, observando algum acontecimento –; em outras, recria uma situação vivida no veículo. Sua consciência de usuário do transporte público inclusive o levou a estabelecer, em 1883, um regulamento para nele comportar, pois "o desenvolvimento que teve esse meio de locomoção essencialmente democrático exige que não seja deixado por puro capricho dos passageiros" (2008: 17). Irônico e totalmente atual, o decálogo do autor brasileiro recomenda aos passageiros expor seus assuntos íntimos, não fumar, não molestar os companheiros de vagão etc.

a considerar a mudança um verdadeiro progresso, gerada fundamentalmente pelo período de provas que tiveram de passar os bondes elétricos até poder superar em velocidade aos puxados por animais e germe de "burlas e da inépcia dos ingratos" (Machado de Assis, 2008: 188).

Consequência inevitável da implantação dos novos bondes no Rio de Janeiro foi o progressivo desuso a que foram submetidos os burros, cuja força quadrúpede foi, durante muito tempo, indispensável para a tração dos veículos. Demonstrando uma consciência animalista inusual para a época que lhe coube viver,[20] Machado de Assis preocupou-se em vários de seus artigos do futuro que os esperava aos burros, até converter em tópica a presença em seus textos de animais moribundos ou abandonados, que as inovações tecnológicas condenaram ao mais absoluto dos esquecimentos, tal e como ocorre em "Reflexões de um burro", "Tranvías eléctricos" o "Derechos de los burros". Desse modo, o autor parecia advogar por um progresso sustentável e por uma convivência com o reino animal que não estivesse baseada simplesmente no aproveitamento e exploração de seus recursos. De fato, em numerosos artigos – e também em alguns contos, mostrou sua repulsa à exploração da força animal no trabalho, evidenciando com isso uma inusitada preocupação pela situação dos animais em um contexto dominado pela fé na ciência e no racionalismo. Análoga postura subjaz a crônicas como "Briga de galos", "Corridas de touros", "O boi" ou "Carnívoros e vegetarianos", nas quais Machado crítica a violência exercida sobre os animais em espetáculos públicos e advoga pelo vegetarianismo. Segundo Maria Esther Maciel (2008), com a dimensão ética de suas reflexões sobre as relações entre os seres humanos e os animais, Machado de Assis "mostra que o homem se define a partir da dominação", ora sobre outros animais, ora sobre outros homens. Daí que no tema seja possível detectarem-se ecos de uma meditação de di-

---

20 Apesar de as primeiras leis protetoras dos animais terem sido promulgadas na Europa em meados do século XVII, até o século XX não se generalizou entre a cidadania o reconhecimento de seus direitos e a necessidade de se velar por eles. O próprio Machado de Assis foi consciente da excepcionalidade de sua postura e, assim, em 1877, afirmava que criar "uma sociedade protetora de animais seria perder o tempo" (2008: 66).

mensões universais, identificada neste caso com o debate nacional que sobre a abolição da escravatura levou-se a cabo no Brasil nos últimos anos do século XIX.

Machado de Assis, universal

Em que pese a alusão a referentes concretos identificáveis com alguns dos acontecimentos que limitaram a evolução social, histórica e política do Brasil no século XIX, há na obra machadiana uma vontade de transcender os condicionantes contextuais em que surgiu. Apesar de ser verdadeiro que, tal e como assinalou Nélida Piñon (2010: 16), a literatura de Machado pode ser interpretada como uma "metáfora do Brasil", e, inclusive, como o "centro cósmico da memória brasileira", também o é que nela palpita uma intenção universalista. O próprio escritor foi sempre consciente disso, e, assim, no ensaio *Instinto de nacionalidade* manifestou que "o que se deve exigir do escritor é, sobretudo, um certo sentimento íntimo que o torne homem de seu tempo e de seu país, mesmo quando trate de assuntos remotos no tempo e espaço" (Machado de Assis, 1997: 251). Respondendo àqueles que o demonizaram por considerá-lo "o menos brasileiro dos escritores brasileiros" (Trías Folch, 2006), Machado de Assis afirmou que um escritor "não é nacional somente porque inclua em seus textos muitos nomes de flores ou aves do país" (Machado de Assis, 1997: 253) e apontou para Shakespeare, a quem definiu como "gênio universal [e] poeta essencialmente inglês", como seu modelo de autor.

Atendendo a essa tensão entre o local e o universal, as crônicas de Machado de Assis podem ser interpretadas. Se, por um lado, seus textos são um testemunho imorredouro de uma sociedade passada que teve de adaptar-se a passos agigantados às mudanças que exigia o novo contexto histórico, político e social, por outro pressupõe um exemplo de que, como assinalou Harold Bloom – fervoroso admirador do autor brasileiro –, os escritores clássicos são aqueles que "nos conduzem à intempérie, à terra extranha, e nos fazem sentir como em casa" (Bloom, 1994: 13). A esse território conhecido nos levam as crônicas machadianas: inesgotáveis e sempre atuais, conseguem transcender o acento brasileiro que as viu nascer para converter-se em reflexões universais.

REFERÊNCIAS BIBLIOGRÁFICAS

Barco, P. D. "Introducción". In: Machado de Assis, J. M. *Don Casmurro*. Madrid: Cátedra, 1991, p. 9-85.

Barreto Filho. "Machado de Assis". Coutinho, A. (Dir.) *A literatura no Brasil*. Rio de Janeiro: Sul Americana, 1969, p. 135-157.

Benichou, P. *La consagración del escritor*. México/DF: Fondo de Cultura Económica, 1992.

Bloom, H. *El canon occidental*. Barcelona: Anagrama, 1994.

Bourdieu, P. *Las reglas del arte. Génesis y estructura del campo literario*. Barcelona: Anagrama, 2005.

Checa Godoy, A. *Historia de la prensa en Iberoamérica*. Sevilla: Alfar, 1993.

Chillón, A. *Literatura y periodismo. Una tradición de literaturas promiscuas*. Castellón: Bellaterra/Valencia: Servei de Publicacions de la Universitat Autónoma de Barcelona/Publicacions de la Universitat Jaume I y Servei de Publicacions de la Universitar de València, 1999.

Corção, G. "Machado de Assis cronista". In: Machado de Assis, J. M. *Obra completa* [Vol 3: *Poesia, Crítica, Crônica e Epistolário*]. Rio de Janeiro: Nova Aguilar, 1997, p. 325-331.

Cunha Santos, J. L. "A estética da crônica em Machado de Assis: movimentos pendulares e posições fronteiriças". In: *Anuário de literatura*. Publicação do Curso de Pós-Graduação em Letras. Literatura Brasileira e Teoria Literária, 7, 1997, p. 113-132.

Guilherme Mota, C. y López, A. *Historia de Brasil. Una interpretación*. Salamanca: Ediciones Universidad de Salamanca, 2009.

Habermas, J. *Historia y crítica de la opinión pública*. Barcelona: Gustavo Gili, 1981.

Koracakis, T. "Machado de Assis, colaborador de Semana Ilustrada (1860--1875)". *Círculo Fluminense de Estudos Filológicos e Linguísticos*, <http://www.filologia.org.br/machado_de_assis/Machado%20de%20

Assis,%20colaborador%20da%20Semana%20Ilustrada%20(1860%20%E2%80%93%201875).pdf> Acesso em: 13 out. 2010.

MACHADO DE ASSIS, J. M. *Don Casmurro*. Madrid: Cátedra, 1991.

_____. *Obra completa*. Rio de Janeiro: Nova Aguilar, 1997.

_____. *El alienista*. Barcelona: Obelisco, 2001.

_____. *Crónicas escogidas*. Madrid: Sexto Piso, 2008.

MACIEL, M. E. *O animal escrito:* um olhar sobre a zooliteratura contemporânea. São Paulo: Lumme, 2008.

NÚÑEZ LADEVEZE, L. *Introducción al periodismo escrito*. Barcelona: Ariel, 1995.

PIÑON, N. "El brasileño Machado de Assis". In: RIVAS HERNÁNDEZ, A. (Coord.) *El oficio de escribir: entre Machado de Assis y Nélida Piñon*. Salamanca: Ediciones Universidad de Salamanca, 73-78.

RUIZ ABREU, A. *Así habla la crónica*. México/DF: Universidad Autónoma Metropolitana, 2007.

SAAVEDRA, G., 2008, "Machado de Assis: La actualidad de un ausente" *Perfil.com*, <http://www.diarioperfil.com.ar/edimp/0325/articulo.php?art=11845&ed=0325>. Acesso em: 15 set. 2010.

SCHWARZ, R. *Ao vencedor as batatas:* forma literária e processo social nos inícios do romance brasileiro. São Paulo: Duas Cidades, 2000.

TRÍAS FOLCH, L. *Literatura brasileña*. Madrid: Síntesis, 2006.

SUGESTÕES E EVASIVAS.
ESCRITA DE SI E TESTEMUNHOS DA CRIAÇÃO LITERÁRIA NA EPISTOLOGRAFIA DE MACHADO DE ASSIS

MARCOS ANTONIO DE MORAES
Instituto de Estudos Brasileiros, Universidade de São Paulo

"Muita simpleza de arte"

O Conselheiro Aires, a quem Dona Carmo e Aguiar mostram uma carta da "filha postiça" Fidélia, registra em seu diário, em 30 de junho de 1888, as impressões de leitura desse "documento psicológico, verdadeira página da alma". No entrecho de *Memorial de Aires* (1908), o último romance de Machado de Assis, moldado como uma costura de anotações íntimas recolhidas dos cadernos do espólio do diplomata, a "interessante deveras" carta da jovem viúva, endereçada ao casal de amigos na Corte, pretende compartilhar, em "quatro páginas apenas", o reencontro com o pai enfermo, de quem um dia se afastou por contrariá-lo na escolha do marido. Na mensagem, "trata longamente" do pai "e das saudades que ela foi achar lá, das lembranças que lhe acordaram as paredes do quartos e das salas, as colunas da varanda, as pedras da cisterna, as janelas antigas, a capela rústica. Mucamas e moleques deixados pequenos e encontrados crescidos, livres com a mesma afeição de escravos, têm algumas linhas naquelas memórias de passagem. Entre os fantasmas do passado, o perfil da mãe, ao pé o do pai, e ao longe como ao perto, nas salas como no fundo do coração, o perfil do marido, tão fixo que cheguei a vê-lo [...]". Aos olhos do Conselheiro, a escrita epistolar nostálgica, densamente afetiva e amorosa dos detalhes, garante a Fidélia "maior valor", o qual "está, além da sensação viva e pura que lhe dão as coisas, na concepção e na análise que sabe achar nelas". À sensível apreensão da realidade, ao desvelamento de si ("página da alma"), a partir do que diz das coisas e pessoas, soma-se, segundo o julgamento do Conselheiro, a apurada escrita de Fidélia, pois o texto que passou pelas suas mãos "não tem frases-feitas, nem frases rebuscadas; é simplesmente simples, se tal advérbio vai com tal adjetivo; creio que vai, ao menos para mim" (Machado de Assis, 1997: I, 1130-1).

Em outras duas anotações no diário de Aires, a carta entra no jogo narrativo. Em 21 de maio, algum tempo antes da leitura da missiva de Fidélia, o Conselheiro expede juízo desfavorável sobre a correspondência feminina, ao sentenciar que "senhoras não deviam escrever cartas; raras dizem tudo e claro; muitas têm a linguagem escassa ou escura" (Machado de Assis, 1997: I, 1120). Depois, em 21 de julho, fixa no caderno a decisão efetivamente levada a cabo de "rasgar cartas velhas" que lhe foram dirigidas, conservando apenas "oito ou dez para reler algum dia e dar-lhes o mesmo fim", embora julgasse que "nenhuma delas val[esse] uma só de Plínio" (Machado de Assis, 1997: I, 1133). Ao fazer das epístolas do político e orador romano, que viveu entre 61 [?] e 114 da era Cristã, o parâmetro de julgamento da qualidade de um texto epistolar, Aires aponta certamente para a prevalência estética das epístolas latinas, tendo em vista que o próprio Plínio, o Moço, cuidou da publicação dos nove volumes de suas cartas, burilando a documentação à qual pretendia dar publicidade.[1]

Na confluência dessas três passagens do diário do Conselheiro Aires, delineia-se um ideal de escrita epistolar. De um lado, a carta como verdadeiro "documento psicológico", em contraponto à retórica falsificadora da personalidade; de outro, a exigência da sobriedade formal ("simplesmente simples") e da clareza ("tudo e claro"), em contraste com certa expressão

---

[1] Ver também a análise de Hélio de Seixas Guimarães, ao refletir sobre o gesto de conservar as cartas, em relação à ambiguidade que marca a escrita do diário do Conselheiro Aires: *Os leitores de Machado de Assis: o romance machadiano e o público de literatura no século 19*, São Paulo: Edusp/Nankin, 2004, 274-281.

"escassa ou escura". Em uma terceira face, emerge a desejada dimensão artística desse gênero discursivo, tendo por ideal simbólico o que "valem" aquelas epístolas legadas pelo tribuno da antiguidade clássica. A personagem machadiana, que afirma "não am[ar] a ênfase" e que prefere dar "sete voltas à língua" antes de falar, parece exigir da escritura da carta "alma", engenho e arte (Machado de Assis, 1997: I, 1109, 1162).

Machado de Assis também perscrutou as engrenagens do gênero epistolar no artigo "Henriqueta Renan", na *Revista Brasileira* do Rio de Janeiro, em outubro de 1896, focalizando o livro *Lettres intimes (1842-1845) précédés de ma Soeur Henriette* (1891). O texto, depois incorporado nas *Páginas recolhidas* (1899), aborda, de modo abrangente, a correspondência de Ernest Renan, autor de *A vida de Jesus*, com a irmã, Henriqueta, doze anos mais velha, para evidenciar o quanto esse diálogo foi decisivo na definição dos caminhos percorridos pelo pensador francês em sua juventude, bem como em sua formação moral e intelectual. "Ela, sem dizer francamente que não deseja vê-lo padre, sabe insinuá-lo; menos ainda que insinuá-lo, parece apenas repetir o que ele balbuciou. A carta dela tem a mesma ondulação que a dele. [...] A frase em que o diz é velada e cautelosa. [...] É uma série de sugestões e de esquivanças" (Machado de Assis, 1997: II, 631). Em outras palavras, Machado de Assis capta a sedutora pedagogia vigente nas cartas de Henriqueta, premeditada, "velada e cautelosa", para que, em evidente exercício maiêutico, o irmão consiga falar com clareza aquilo que apenas "balbucia". Nas entrelinhas das cartas, o autor distingue uma Henriqueta "melancólica", que tem "um fundo pessimista"; entretanto, ela "não se contenta de gemer; a queixa não parece que seja a sua voz natural. Aconselha ao irmão para que lute e que conte com ela para ajudá-lo." (Machado de Assis, 1997: II, 628-9).

O crítico põe em relevo a singularidade dessas mensagens que exprimem "o sentimento raro, a afeição profunda, e a dedicação sem aparato daquela boa e grave Henriqueta", para concluir que "as cartas desta senhora são a sua própria alma". Por outro lado, detecta o pudor da missivista em deixar entrever traços de subjetividade, pois "raro trata de si, e quando o faz é para completar um conselho ou uma reflexão. Também não conta o que se passa em torno dela. [...] não dava tempo a desperdiçar papel com assunto alheio. Todo ele é pouco para tratar somente do irmão". Segundo o autor, Henriqueta solapa a própria individualidade, potencializando o senso de devotamento. Machado observa a trama discursiva e a composição textual dessas cartas, para valorizá-las: "nenhum floreio de retórica, nenhum arrebique de sabichona, mas um alinho natural, muita simpleza de arte, fino estilo e comoção sincera". Esse mesmo zelo estilístico, animado pela "força do afeto", é que daria ao conjunto de cartas de Henriqueta uma perspectiva literária de largo interesse, pois "escrevem-se muitas para o prelo, alguma para a posteridade; nenhum desses destinos podia atraí-la." (Machado de Assis, 1997: II, 628).

A correspondência de Machado de Assis, de que hoje se conhece pouco mais de duas centenas e meia de documentos, entre cartas particulares, cartas-prefácio e cartas abertas, também deixou pistas sobre os contornos de um projeto epistolográfico pessoal que buscava orientar-se, no âmbito das relações interpessoais, pelo caminho da "arte e polidez", palavras por ele empregadas nas linhas finais do artigo "Henriqueta Renan". Tome-se, como linha de força desse projeto, a defesa que faz da autenticidade do que escreve em carta: pediu a seu interlocutor, um dos diretores do *Jornal da Tarde*, em 14 de junho de 1870, que não confundisse "um sentimento verdadeiro com uma fórmula de ocasião", quando buscou demonstrar a impossibilidade de dar seguimento ao trabalho de tradução de *Oliver Twist* que o periódico oferecia sob a forma de folhetim (Machado de Assis, 2009: II, 17).[2] Ou ainda, a lapidar formulação exposta ao escritor Magalhães de Azeredo, em 11 de junho de 1900: "Esta carta valeria por três no tamanho, se eu pudesse dizer tudo nela, purgar de vez os meus pecados de silêncio; mas não sendo assim, valha na intensidade o que perder de extensão". A expressão "intensa" vale, pois, pela "extensa", o que, em grande medida, convalida a contenção epistolar machadiana. Em outro passo da correspondência do autor de *Memórias póstumas de Brás Cubas*, a recusa de jogos retóricos quer abrir espaço para a

---

2   Na citação de cartas, as transcrições tiveram a ortografia atualizada.

emulação da naturalidade: "a gente escreve e espera, e a conversação faz-se como em uma sala", explana ao mesmo remetente, em 30 de junho de 1901 (Machado de Assis, 1969: 200; 224).

Assim, a carta na ficção, a crítica sobre um livro de correspondência e a epistolografia de Machado de Assis, concentrando certos aspectos considerados pelo escritor mais fecundos no gênero, sinalizam um ideal de escrita na comunicação a distância. Alguns valores podem ser desentranhados desses textos: a carta afirma-se como espelho da "alma",[3] rejeita-se o virtuosismo linguístico falseador da *persona* epistolar, tanto quanto a ênfase narcísica; aspira-se à concisão e ao despretensioso apuro da forma.

"basta de mim"

Em uma primeira leitura, o traço mais saliente da práxis epistolar machadiana caracteriza-se pela drástica contenção no âmbito das confidências pessoais ou da "intimidade". Em relação a essa palavra, não custa, preliminarmente, recuperar o tom irônico do Conselheiro Aires quando se refere à exposição da vida privada na imprensa, de que vinha sendo testemunha e cuja agressiva intensificação ele prevê com agudeza: "gosto de ver impressas as notícias particulares, é bom uso, faz da vida de cada um ocupação de todos. Já as tenho visto assim, e não só impressas, mas até gravadas. Tempo há de vir em que a fotografia entrará no quarto dos moribundos para lhes fixar os últimos instantes; e se ocorrer maior intimidade entrará também" (Machado de Assis, 1997: I, 1184). Quando Machado de Assis, no espaço sigiloso das cartas, permite-se o desvelamento de passagens de sua biografia, a formulação resulta, via de regra, epigramática. A Carolina, aquela que se-

---

3 Em De elocutione, o primeiro tratado que se refere ao gênero epistolar, o grego Demétrio, que viveu entre I a.C e I d.C, escreve: "a carta, como o diálogo, deve ser abundante em traços de caráter. Podemos dizer que todos revelam a própria alma em suas cartas". Cf. Moraes, M. A. de. "Três documentos que interessam à história da carta", São Paulo: Calendário de Extensão e Cultura (USP), out. 2003, 2-3 (Memória Postal); o trecho aqui transcrito foi traduzido da versão inglesa por Bianca Ribeiro Manfrini.

ria a futura esposa, nos primeiros tempos de aproximação apaixonada, em 1869, desenha a sua trajetória amorosa pregressa em poucas linhas: "A minha história passada do coração resume-se em dois capítulos: um amor, não correspondido; outro, correspondido. Do primeiro nada tenho que dizer; do outro não me queixo; fui eu o primeiro a rompê-lo." (Machado de Assis, 2008: I, 258). Ao amigo José Veríssimo, mostrando-se avesso a viagens, Machado sintetiza uma vida arraigada à corte: "Eu sou um peco fruto da capital, onde nasci, vivo e creio que hei de morrer." (Machado de Assis, 1938: 147). A Magalhães de Azeredo, em 1903, que lhe pedira subsídios – arrolamento de obras e "todos os elementos biográficos, intelectuais, morais" formadores do escritor –, para um "estudo crítico" em mira, o criador de *Dom Casmurro* responde, cordialmente e lacônico: "acerca das notas minhas e da minha formação, juntarei o que me indica e o mais que valer. A minha vida em si não teve nem tem relevo; vai passando, como tantas outras, salvo na parte literária em que, não o fruto, mas o esforço pode significar alguma coisa." Concluindo ludicamente a questão, mede a vida "sem relevo" pela extensão que o escrito biográfico seguirá: "Logo que possa coligir matéria que valha mandar-lha-ei dentro de uma folha de papel" (Machado de Assis, 1969: 249).

Ao compartilhar notícias pessoais em suas cartas, Machado de Assis frequentemente se mostra evasivo. Em 1904, a José Veríssimo que lhe escreve contando "notícias [...] pessoais e de família", escamoteia o assunto: "as minhas são as de costume" (Machado de Assis, 1938: 218). Ou, ainda, endereçando-se ao mesmo interlocutor, anos depois, atribui a outrem a incumbência de transmitir notícias circunstanciadas sobre a saúde frágil: "Ontem passei o dia relativamente melhor, apesar de muito enfraquecido e muito desanimado; o Mário [de Alencar] lhe dirá sobre isto alguma coisa" (Machado de Assis, 1938: 236). A Magalhães de Azeredo, em 1898, esquivando-se da via da intimidade, com certo humor desencantado, escreve de modo sibilino: "Para dizer-lhe alguma coisa de mim, vou fazendo o que posso, e é pouco, e não sei se por muito tempo." (Machado de Assis, 1969: 155).

O missivista pode lançar mão de fórmulas bruscas que sustam ao meio o relato pessoal. O enunciado "basta de [...] mim", na carta a Azeredo, em

1894, torna-se paradigmático desse procedimento textual. A suspensão do assunto pode vir acompanhada de justificativas que supõem aliviar o interlocutor de conversa fastidiosa. Assim, dirigindo-se ao jovem amigo, nesse mesmo ano, evita entrar na seara da própria atividade profissional: "Contar-lhe a minha vida administrativa seria, além de lhe tomar tempo, tomá-lo às letras, que por si mesmas não dão desgostos, e muita vez os fazem esquecer ou minorar." (Machado de Assis, 1969: 24; 148). Do mesmo modo, em 1904, na carta a José Veríssimo, Machado comunica o atraso em uma viagem, "tudo por causa da parede [greve] dos carroceiros e cocheiros", para, em seguida, abreviar a matéria: "Não entro em pormenores que já enfadam" (Machado de Assis, 1938: 204). Mesmo quando se trata de assunto pessoal espinhoso (a morte de Carolina), no qual seria perfeitamente legítima ao remetente a expansão dos sentimentos, o mecanismo textual cerceador vigora: "Ainda agora padeço os efeitos do golpe que recebi há seis meses. Perdi uma companheira de trinta e cinco anos, a mais doce e carinhosa das criaturas, e perdi-a para ficar só, totalmente só na vida. Isto lhe digo assim rapidamente para não aborrecê-lo com as minhas tristezas [...]" (Machado de Assis, 1969: 261). Ao escritor desagradam queixas que saiam de sua pena ("basta de lamúrias", p. 252); não quer a carta como receptáculo de lamentos: "Estes meus últimos dias têm sido de enfado e naturalmente não é assunto que procure o papel", assegura a Mário de Alencar, em 1907 (Machado de Assis, 2009: 51).

    Não obstante, o firme desígnio de diluição da escrita de si nas cartas, motivado, em certa medida, pelo pudor de constranger o destinatário ("desculpe-me se a maior parte do que lhe disse foi a meu respeito", 1969, 251), as cartas de Machado de Assis deixam entrever, em certas ocasiões, procedimentos de autorrepresentação de grande densidade crítica. Nas fissuras da máscara epistolar (*persona*) que se pretende pouco expressiva, reside também a possibilidade de revelação de feições genuínas do rosto. Em 1882, dirigindo-se a Joaquim Nabuco, desvenda-se como "espírito desencantado de um budista", em contraponto ao amigo, visto como "um grego dos bons tempos da Hélade". O sentido da comparação, reveladora de um *ethos*, vem acompanhado do jogo que demanda a cumplicidade no trabalho de decifração de si: "Com essa simples indicação você me compreenderá" (Machado de Assis, 1938: 38-9). Ou seja, pressupõe que o destinatário possa completar o retrato apenas sugerido em tintas fortes. A apurada consciência da autorrepresentação traz à carta a percepção das camadas que solapam o rosto. Nessa direção, em resposta à crítica que Magalhães de Azeredo lhe dedicara em 1898, Machado confidencia: "A parte relativa ao que se achou de humorismo e pessimismo nos últimos livros é tratada com fina crítica, e acerta comigo, cuja natureza teve sempre um fundo antes melancólico que alegre. A própria timidez, ou o que quer que seja, me terá feito limitar ou dissimular a expressão verdadeira do meu sentir, sem contar que a experiência é vento mais propício a estas flores amarelas... [...] sou enfermo". Em outro momento da correspondência, reitera-se o sentido da "dissimulação", quando o escritor afirma que se considera um "temperamento melancólico, apenas encoberto por um riso já cansado." (Machado de Assis, 1969: 147; 207).

A epistolografia machadiana, de todo modo, embora intente programaticamente o esfumaçamento da própria figuração, não oculta o desejo de autorrepresentação problematizadora. A nota dominante, contudo, impõe a equivalência entre escrita epistolar e convívio social, no diapasão do testemunho de Mário de Alencar sobre a discrição do amigo que "procurava conversar, ser amável, não importunar os outros com o seu sofrimento; aliás, fora sempre esse o seu modo de ser: 'Nunca se deve falar de si', dizia a miúdo." (*Apud* Pereira, 1988: 262-3).

"eventos e circunstâncias"

Em 21 de abril de 1908, Machado de Assis atende o apelo de José Veríssimo, confrade da Academia Brasileira de Letras, deixando a ele "a autorização de recolher e a liberdade de reduzir as letras que lhe pare[cessem] merecer divulgação póstuma", considerando, entretanto, "que de tantas cartas [...] a amigos e a estranhos [...] nada interessante" se pudesse apurar, "salvo as recordações pessoais que conservarem para alguns". Machado acreditava que o justo rigor no julgamento desses escritos da vida privada, assim como "o tempo decorrido e a leitura [...] da correspondência" convencessem Veríssimo de que seria "melhor deixá-la esquecida e calada" (Machado de Assis, 1938: 229). A contrapelo da modéstia e da atitude reservada de Machado de Assis, Veríssimo argumenta em favor das cartas do amigo, consideradas "literariamente, e ainda como documento psicológico e testemunho do [...] tempo" (Machado de Assis, 1938: 231).

Se, na argumentação de José Veríssimo, parece evidente a valoração da carta de Machado de Assis como manancial de dados autobiográficos e memorialísticos, é provável que, ao recuperar o parâmetro literário ("literariamente"), esteja referindo-se apenas ao apuro linguístico/estilístico das mensagens e não a possíveis testemunhos da criação da obra do amigo. Em 1897, Magalhães de Azeredo, em artigo na *Revista Moderna* de Paris, tangencia a qualidade estética das cartas de Machado de Assis, ao avaliar a linguagem do escritor, por ele considerada ao mesmo tempo "clássica" e "moderna". Para o crítico, Machado exprime-se de modo "sóbrio, exato, singelo por gosto e não por pobreza de vocabulário"; "não descura o relevo e as qualidades musicais do período; tem o hábito da frase bem feita, de tal jeito que as suas crônicas, e não raro as suas cartas, se podem ler como páginas de livro" (Azeredo, 1902: 184).

Não estava no elenco de possibilidades da época, pelo menos no campo intelectual brasileiro, a inserção, na carta, de testemunhos da engrenagem do fazer literário, no que isso significa a realização de mergulhos profundos no processo de criação (reflexão sobre as hesitações da escritura, história das versões de um texto etc.). Pelo menos, é isso que se depreende da leitura da correspondência brasileira do século XIX, publicada ou conservada em arquivos. Hoje, um dos principais alvos do pesquisador da epistolografia de escritores é a busca daquilo que o crítico francês José-Luis Diaz denominou "estados de criação" de uma obra. Nesse sentido, a carta também participa dos "arquivos da literatura", "pois, se elas às vezes se contentam em mencionar uma obra em processo de criação, elas também permitem, em alguns casos exemplares, seguir – quadro a quadro – suas diversas fases: do projeto informe, ainda mal desenhado, nomeado com dificuldade, até a publicação do livro, seguida de sua recepção pela crítica (que a carta comenta) e, enfim, o seu lento e inexorável esvanecimento nas águas turvas da memória (da qual a série de cartas pode se tornar o doloroso testemunho)..." (Diaz, J. L., 2007: 123).

Um levantamento prévio de cartas de Machado de Assis que trazem à tona aspectos de sua produção literária abre a perspectiva de compreensão da natureza desses testemunhos. Trata-se, efetivamente, de perceber a abrangência e a profundidade reflexiva dos relatos, bem como a singularidade das formulações enunciativas epistolares, no que se refere ao memorialismo literário do escritor. Preliminarmente, três vertentes de análise das cartas revelam-se profícuas, conforme elas fixam: depoimentos do autor sobre projetos e processos de criação; aspectos da história da circulação das obras; e avaliações pessoais relativas à repercussão dos livros, tanto no espaço sigiloso da troca epistolar, quanto na imprensa. Nessas trilhas, privilegiam-se, aqui, os traços mais expressivos ou paradigmáticos das notícias e reflexões compartilhadas por Machado, sem valorizar certos destinatários ou alguma de suas obras em particular, o que se fará mais adiante, quando entrar em pauta o processo de criação de *Memorial de Aires*.

Em 1868, Joaquim Serra escreve a Machado de Assis, pedindo notícias de um "romance", cujos primeiros capítulos o amigo lhe havia anunciado (Machado de Assis, 2008: I, 219). O verbo "anunciar", escolhido bem a propósito, significa "noticiar", e não propriamente compartilhar algum dado sobre a movimentação nos bastidores da criação, propósitos estéticos etc. O escritor efetivamente "anuncia", sem grandes desenvolvimentos, em muitas outras cartas, que possui "um livro no prelo", "alguma coisa que te[m] em mãos" (mas não sabe se acabará); a publicação de "certo número de páginas", de "retalhos inéditos e impressos" ou "de escritos que andam esparsos" (Machado de Assis, 1969: 42; 148; 268; Dimas, 1977: 365). Confidencia que está "acabando um livro, em que trabalh[a] há tempos bastantes" (Machado de Assis, 1969: 155). Acha "provável" publicar algo em 1898, tudo dependendo "de eventos e circunstâncias" (p. 112). Com pouca frequência, a notícia se desdobra em direção aos meandros da produção. Em 1901 envia a reedição, "em um só volume", de três livros de versos, obra à qual acrescentou uma "quarta parte"; revela escolhas ("Cortei muita coisa aos dois primeiros, e não sei se ao terceiro também", p. 224) e revezes ("arrependi-me de alguns cortes", p. 228). Nesse caso em particular, Machado oferece ao destinatário, em 1901, detalhes importantes que teriam presidido a decisão de retirar os versos do poema "Menina e moça": "Essa página foi suprimida por algumas alusões do tempo, como este verso: 'Tem respeito a Geslin, mas adora a Dazon,' que ninguém sabe que alude à professora e à modista, mas bastava cortá-lo. Enfim, não valeria a pena incluí-la.", p. 228).

Atrelando-se à ideia de "processo" editorial, em sentido lato, Machado procura, nas cartas, historiar os deslizes tipográficos detectados em suas obras, mostrando-se consciente dos desvirtuamentos e, de alguma forma, constituindo o interlocutor testemunha desse saber. Em 1898, conta ter em mãos "uma 2ª edição de *Iaiá Garcia* a ser posta à venda. Traz algumas incorreções, mas em pequeno número e de menor monta que as das novas edições das *Memórias póstumas de Brás Cubas*, e de *Quincas Borba*, a primeira principalmente" (Machado de Assis, 1969: 155). No ano seguinte, enfrenta novos dissabores: "A casa Garnier reimprimiu ultimamente um dos meus livros mais antigos, os *Contos fluminenses*; fê-lo sem que eu houvesse revisto o trabalho, e (creio que por equívoco) sem aviso prévio, e sem lhe pôr a nota de que era edição nova." (p. 181). Algumas cartas também convalidam a inautenticidade textual das crônicas que publicava na coluna "A Semana" de *A Gazeta*, afinal "raro saíram com pequenas trocas de letras, trazem sempre erros mais ou menos graves" (p. 68), "palavras trocadas" (p. 47), não obstante "algumas vezes" remeter a correção, "as mais delas", contudo, calando-se (p. 68). A filologia e a crítica textual, como se sabe, bebem dessa importante fonte documental, no trabalho de restituir textos fidedignos, base de interpretações literárias que se pretendam consistentes.

Mais próximo das entranhas do processo escritural, região de dúvidas e incertezas, Machado de Assis, excepcionalmente, deixa o interlocutor espiar a criação pelo buraco da fechadura: "o livro em que trabalho é ainda um romance. Não estou certo do título que lhe darei; já lhe pus três, e eliminei-os. O que ora tem é provisório; ficará, se não achar melhor. Disse-lhe romance, mas subentenda que no gênero do meu *Quincas Borba*, o melhor que se acomoda ao que estou contando e à minha própria atual feição." (Machado de Assis, 1969: 47). Pela mesma fresta, raramente livre de anteparos, o escritor resgata situações que iluminam as condições materiais e sociais do processo. Assim, confessa que ditou a Carolina "creio que meia dúzia de capítulos" (p. 41) das *Memórias póstumas de Brás Cubas*, enquanto esteve doente, como também revela um pouco da contingência de seu labor literário, pertinaz, mas entrincheirado nas folgas do funcionário público. Permite divisar um pouco da história da produção da obra, ao indicar o tempo de uma "última demão" no ensaio "Instinto de nacionalidade" (Machado de Assis, 2009: II, 82), bem como a leitura das "segundas provas" de *Dom Casmurro*. Traz a lume as condições em que produz, "nas horas que me sobram do trabalho administrativo" (Machado de Assis, 1969: 181; 42); não trabalha "continuadamente; te[m] grandes intervalos de dias, até semanas"; em 1898, afirma que "não escrev[e] seguidamente", pela "fadiga dos anos" ou por se sentir assombrado pelo "mal" (a epilepsia) que o "acompanha", obrigando-o a interromper os passos da produção literária (p. 155).

A circulação dos livros de Machado reflete-se em suas cartas no oferecimento de exemplares a amigos ou nas notícias das reedições de suas obras. O envio dos livros pode vir acompanhado de julgamentos próprios ou de pedidos de parecer. Assim, o romance *Ressurreição*, para o autor, "vale pouco", porque "como dizia um patrício [...] – o coração só dá bagatelas" (Machado de Assis, 2009: II, 80); dos versos *Americanas*, tendo notícia de que "agradaram algum tanto", quer saber do destinatário "o que isso vale" (p. 110); de *Helena*, "dizem aqui que dos meus livros é o menos mau; não sei; lá verás" (p. 124). Sobre *Dom Casmurro*, pede a opinião de Magalhães de Azeredo, "se não estar[ria] chegando ao fim" (Machado de Assis, 1969: 195). Como se nota, a modéstia e a aparente displicência não escondem o interesse do autor em angariar impressões de seus pares. A difusão da obra machadiana pode igualmente ser medida pelas novas tiragens das obras, mencionadas nas missivas: "A casa Garnier fez uma nova edição das minhas *Memórias póstumas de Brás Cubas*. É a terceira, contando por primeira a publicação na antiga *Revista Brasileira*. Vai também sair uma edição nova do *Quincas Borba*, cuja primeira edição data de 1891, e estava esgotada. O primeiro livro há muito que o estava" (p. 111-2).

A correspondência de Machado de Assis, em certas oportunidades, logra espelhar a recepção crítica de seus livros, oriunda do julgamento de seus interlocutores em cartas ou por meio da imprensa. A Franklin Dória, em 1884, o escritor agradece a mensagem "com a aprovação" das *Histórias sem data*, cumprindo os ritos da cordialidade, sem deixar de evocar, em uma pincelada contundente, a situação pouco favorável ao ofício de escritor: "vou fazendo como posso esses meus livros, e um pouco também no-lo permitem as nossas circunstâncias literárias" (Machado de Assis, 2009: II, 275). Resenhas estampadas em periódicos suscitam, do mesmo modo, a reação do autor, reverberando nos diálogos epistolares. A José Carlos Rodrigues, em 1873, que o censura pelas "passagens menos recatadas" de *Ressurreição*, Machado assegura que o "aborre[ce] a literatura de escândalo", preceito que o orientou a resguardar-se desse "escolho no [...] livro". Engaja-se, por fim, na firme orientação balizadora de seus escritos: "se alguma coisa me escapou, espero emendar-me na próxima composição" (Machado de Assis, 2009: II, 82). A José Veríssimo, em 1889, que propõe um reparo à comédia *Tu, só tu, puro amor...*, agregada às *Páginas recolhidas*, Machado de Assis concorda, "tanto mais que, ao escrevê-la, senti[u] alguma estranheza" (1938: 169).[4] Outra carta, a Magalhães de Azeredo, informa que *Dom Casmurro* resultou em "surpresa para toda a gente", "falaram sobre ele o Artur Azevedo, ontem, e o José Veríssimo, hoje, ambos com grande simpatia, mas o Veríssimo com mais desenvolvida crítica, segundo costume" (Machado de Assis, 1969: 195). Em 1908, as leituras do *Memorial de Aires* ecoam com intensidade nas cartas do autor.

---

4   Eis a restrição de José Veríssimo no artigo "Páginas Recolhidas", no *Jornal do Comércio*, em 18 de setembro de 1899: "Só uma expressão encontrei que talvez não pudesse Camões dizer: 'O amor é a alma do Universo'. Parece-me um anacronismo. Ou me engano ou o conceito é do nosso tempo. Não penso, aliás, que o escritor não tivesse o direito de atribuí-lo ao poeta." V. Machado, Ubiratan (Org.), 2003, *Machado de Assis: roteiro da consagração*. Rio de Janeiro: EdUERJ, p. 219.

Magalhães de Azeredo será o destinatário da mensagem de Machado de Assis na qual intenta o aprofundamento nas camadas de significação da própria obra, sendo, portanto, um consistente lastro da autoconsciência do escritor em relação a seu projeto estético. O romancista, em 1898, responde ao amigo que, tendo divulgado na *Revista Moderna*, em Paris, o ensaio biobibliográfico "Machado de Assis", quis saber se havia conseguido "interpret[ar]" o "temperamento", "opiniões" e "processos" do amigo. Na resposta, Machado oferece pistas valiosas sobre a sua cosmovisão, mas elabora, em todo caso, um testemunho enviesado, consubstanciando-se em juízo crítico especular; do mesmo modo que, no campo da escrita de si, retém o gesto que esboça a própria imagem, cerceia o voo que, se completado, resultaria certamente em um precioso autorretrato do homem de letras mais "demolidor" da literatura brasileira, nascido no século XIX: "respondo que a minha organização moral e mental é essa mesma que ali define; pelo menos, a leitura do seu escrito produziu em mim a sensação de um reflexo. O meu pessimismo é esse mesmo que ali analisa. Sobre os meus processos literários creio também não ter que divergir, salvo sempre o que implicar louvor em boca própria. Por exemplo, é certo que sou parco em descrições; e, quanto aos quadros naturais, raro achará nos meus livros. Não é, relativamente a estes, que eu não receba a impressão estética que eles dão, é a minha preocupação exclusiva do homem que toma o papel todo nos meus escritos; mas talvez esteja disfarçando com isto uma virtual incompetência técnica. Não digo mais para não dissertar, em vez de limitar-me à parte afirmativa da resposta que me pediu, e aí vai." (Machado de Assis, 1969: 138-9).

"definitivamente o meu último"

"Tinha um livro em projeto e início, mas não vou adiante. Sinto-me cansado, estou enfermo, e falta-me gosto", lastima Machado de Assis, escrevendo a Oliveira Lima em 5 de fevereiro de 1906 (Dimas, 1977: 364-5). Na gênese do *Memorial de Aires* mesclam-se a saúde combalida e a aguda solidão do escritor que enviuvou em 1904. A elaboração do livro arrasta-se sob o signo do desânimo. Avança, assombrada pelo sentimento da aproximação da morte. Em 7 de fevereiro de 1907, escreve a Joaquim Nabuco: "não sei se terei tempo de dar forma e termo a um livro que medito e esboço; se puder, será certamente o último." (Machado de Assis, 1938: 112). O trabalho lento, aparentemente girando em falso, estaca-se de tempos em tempos: "estou agora inteiramente parado no que quisera fazer andar", queixa-se a Mário de Alencar, em 18 de março desse mesmo ano; no dia 28, vislumbra o bom termo da narrativa: "o meu trabalho teve uma interrupção de dias [...]. Agora quero ver se acabo a leitura e faço o remate.". O "muito trabalhar" (que talvez incluísse a elaboração da obra) desencadeia no ficcionista, em 11 de abril, "alguns fenômenos nervosos" (Machado de Assis, 2009b: 51; 61; 69).

As pegadas do processo de criação se eclipsam nesse momento, ressurgindo na carta de Mário de Alencar ao autor, em 16 de dezembro de 1907, quando oferece as primeiras impressões do romance, a partir da leitura do "exemplar de provas". Tratava-se claramente de uma deferência, reconhecida pelo remetente, de que, podendo ter "sob os [...] olhos", em primeira mão, a narrativa, havia merecido a "intimidade" do mestre. O encontro do leitor com o discreto autor, nos bastidores da criação, permitirá, ao primeiro, aproximar ficção e vida, para "adivinhar", na "figura verdadeira e sagrada de Dona Carmo", a transfiguração estética de Carolina. Reconhece o intento de Machado de Assis, compreendendo, então, na força do afeto coado na ficção, o porquê de o autor dizer "que este seria o seu último livro." (Machado de Assis, 2009b: 75). Na resposta, em 22 de dezembro, Machado reconhece que o jovem amigo "leu com alma", correspondendo à "confiança" depositada nele; confirma ainda a exatidão de quem "achou o modelo íntimo de uma das pessoas do livro", construída "completa, sem designação particular, nem outra evidência que a da verdade humana". Repisa no julgamento de que tinha chegado ao "último livro" (Machado de Assis, 1938: 277).

Em relação ao "modelo de Carmo", quando o livro já se encontrava no prelo da H. Garnier, na França, em fevereiro de 1908, os amigos ajustam o "completo segredo" (Machado de Assis, 1938: 290). Da obra em processo, uns poucos amigos, confrades da Academia Brasileira de Letras, têm conhecimento: José Veríssimo, Graça Aranha e, por meio deste, Magalhães de Azeredo. O autor ambiciona o "silêncio", embora desconfie de que se já divulgue a novidade. Em 8 de maio, estende a informação a Joaquim Nabuco, como 'uma confidência", daquele que seria o "último livro", para descansar depois (p. 129). Em 28 desse mês, repete a ele a notícia, "um livro [...] e é o último", porque com "sessenta e nove anos", completados dias antes, em 21, não teria "tempo nem força de começar outro" (p. 134). Segundo se depreende de carta de José Veríssimo, em meados de julho, o *Memorial de Aires* já devia estar nas montras da livraria e nas mãos de alguns amigos mais próximos do autor. Ao crítico que lhe fornecera as primeiras impressões elogiosas do romance publicado e os votos de restabelecimento, "e vida e saúde", Machado de Assis tange a nota dorida, reafirmando que o "livro é derradeiro" (p. 233). Essa ideia reaparece obstinadamente nas cartas, conformando um discurso viciado. Em 1º de agosto, escreve a Joaquim Nabuco e Oliveira Lima, ambos nos Estados Unidos, e a Magalhães de Azeredo, na Itália, ferindo a mesma tecla: "Insisto em dizer que é o meu último livro" (p. 137); "este livro novo é deveras o último" (p. 432); "Diga se não é lamparina de madrugada. [...] como já lhe disse é o último" (Machado de Assis, 1969: 288).

Contrariamente à percepção funesta e desencantada, decretando-se o fim de uma obra, a voz da crítica ressoa na correspondência de Machado de Assis, para fixar a "glória [...] incontestada e incontestável" do autor. De julho e setembro, quando, então, em 29, falece Machado de Assis, capta-se a efervescência da crítica consagradora. Mário de Alencar, José Veríssimo, Alcindo Guanabara e Salvador de Mendonça manifestam-se entusiasmados na imprensa. Afrânio Peixoto escreve a Machado, em sintonia com a crítica de Mário, lido no *Jornal do Comércio*. Sabe-se que Félix Pacheco tinha revelado a intenção de "ler toda a [...] obra para escrever sobre ela"; chega, também aos olhos cansados do escritor, a notícia da "impressão excelente" que tivera João Luso (Machado de Assis, 1938: 311). Em outra esfera, à margem do universo e dos interesses literários, Mário de Alencar transmite a opinião de sua mulher, Baby, *"encantada e com saudade do livro"* depois ter virado a última página (p. 130). O autor reage discretamente, afinal, tanto melhor que "o livro não [tenha] desagrad[ado]" (p. 137), pois "não quisera declínio" (p. 312); bastava, enfim, "como ponto final" de quem dizia cruamente: "Acabei" (p. 137). Para emprestar a formulação crítica de Brigitte Diaz, quando estuda a encenação do fim nas cartas de escritores franceses do século XIX, avulta também nesses documentos a "oeuvre de la fin, c'est-à-dire comme le processus d'écriture qui accompagne la fin de l'Oeuvre mais aussi qui ouvre à la réaliser" (Diaz, B., 2007: 58). Mesmo bastante doente, Machado não interrompe a engrenagem social das trocas epistolares, no esforço de imprimir o mesmo ritmo da recepção crítica do *Memorial de Aires*.

Na carta, a convicção do fim da obra encontra paralelo na escrita de si, agora expressa em matizes soturnos e, curiosamente, mais expansivos em termos de partilha da intimidade. Pode-se supor que, no tempo da "última obra", surpreendam-se nas cartas, com um pouco mais de nitidez, aspectos do processo de criação e um perfil biográfico de Machado de Assis. Vivencia-se, efetivamente, em 1908, a escrita testamentária de quem deixa as últimas disposições ("para quando eu morrer"), entre as quais: a transferência, para a Academia, do "ramo de carvalho de Tasso" recebido como homenagem; autorizada a Veríssimo, como se viu anteriormente, a reunião de suas cartas para "divulgação póstuma". Machado exprime "ideias fúnebres" ("Não há vaga [na ABL], mas quem sabe se não a darei eu?" – Machado de Assis, 1938: 128; 137). Vibra um acorde sombrio de despedida: "Adeus [...] posso ir da vida sabendo que deixo a sua entre outras saudades verdadeiras", escreve a Magalhães de Azeredo em 1 de agosto, quando, segundo Machado, "chegou mesmo a correr que tinha morrido" (Machado de Assis, 1969: 288). A escrita de si torna-se a expressão da doença ("achaques") e dos remédios para o corpo; da solidão ("tédios") e dos remédios para a alma, como a "Oração sobre a Acrópole", de Renan, e "um livro de Schopenhauer" (2009b: 107), certamente ambicionando o anulamento das paixões, porque "un immense fleuve d'oubli nous entraîne dans un gouffre sans nom. O abîme, tu es le Dieu unique" (Renan, 1967: 55). Na contramão desse furtivo maior desvelamento nas últimas cartas, impera, todavia, a máscara social impassível: "O que faço é não me mostrar a todos tal qual ando [...]" (Machado de Assis, 2009b: 95).

A encenação epistolar da decrepitude mais se acentua nas últimas cartas: a Magalhães de Azeredo, em agosto de 1908, Machado de Assis testemunha que a cidade do Rio de Janeiro, em pleno surto desenvolvimentista urbano, "mudou m.to até de costumes" (Machado de Assis, 1969: 288). Em novembro de 1905, o escritor já vinha pressentindo o desajuste entre o seu mundo e dos seus personagens e aquele outro que nascia, sacudido pela "rapidez": "Mudaram-me a cidade, ou mudaram-me para outra. Vou deste mundo, mas já não vou da colônia em que nasci e envelheci, e sim de outra parte para onde me desterraram." (Dimas, 1977: 363).[5]

---

5 Agradeço a leitura crítica de Ieda Lebensztayn; responsável também pela normatização bibliográfica deste artigo.

Referências bibliográficas

Assis, M. de. *Correspondência*. Corrigida e anotada por Fernando Nery. Rio de Janeiro, 1938.

W.M. Jackson Inc. Editores. *Correspondência de Machado de Assis*. Tomo. II – 1870-1889. Sérgio Paulo Rouanet (Coord.). Irene Moutinho e Sílvia Eleutério (Orgs.). Rio de Janeiro: Academia Brasileira de Letras/ Ministério da Cultura, Fundação Biblioteca Nacional, 2009.

_____. *Correspondência de Machado de Assis com Magalhães de Azeredo*. Carmelo Virgílio (Org.). Rio de Janeiro: Instituto Nacional do Livro, 1969.

_____. *Empréstimo de ouro*: cartas de Machado de Assis a Mário de Alencar. Eduardo F. Coutinho; Teresa Cristina Meireles de Oliveira (Org.). Rio de Janeiro: Ouro sobre Azul, 2009b.

_____. "Epistolário". In: *Obra completa*. v. III. Rio de Janeiro: Nova Aguilar, 1997.

_____. "Henriqueta Renan". In: *Páginas recolhidas* [1899]. *Obra completa*. v. II. Rio de Janeiro: Nova Aguilar, 1997.

_____. *Memorial de Aires* [1908]. *Obra completa*. v. I. Rio de Janeiro: Nova Aguilar, 1997.

Azeredo, C. M. de. "Machado de Assis". In: *Homens e livros*. Paris/Rio de Janeiro: Garnier, 1902.

Diaz, B. "La correspondance comme 'effet-dernière oeuvre'". In: *Revue des Sciences Humaines* 287. Paris, 2007, p. 55-75. La dernière oeuvre. Textes réunis par Myriam Boucharenc.

Diaz, J. L. Qual genética para as correspondências? Tradução de Cláudio Hiro e Maria Sílvia Ianni Barsalini. In: *Manuscrítica:* Revista de Crítica Genética. São Paulo, n. 15, 2007, p. 116-161. [1999, Quelle génétique pour les correspondances? *Genesis. Revue Internationale de Critique Génétique*. Paris, Jean Michel-Place, 13, p. 11-31].

Dimas, A. "Uma visita a Oliveira Lima Library: cartas de Jackson de Figueiredo (11), Nestor Vitor (1), Machado de Assis (6) e Aluízio Azevedo (1)", *Língua e Literatura*, v. 6. Departamento de Letras Clássicas e Vernáculas, São Paulo: FFLCH/USP, 1977, p. 339-368.

Guimarães, H. de S. *Os leitores de Machado de Assis:* o romance machadiano e o público de literatura no século XIX. São Paulo: Edusp/Nankin, 2004.

Machado, U. (Org.). *Machado de Assis:* roteiro da consagração. Rio de Janeiro: EDUERJ, 2003.

Pereira, L. M. "Ao pé do leito derradeiro". In: *Machado de Assis* (Estudo crítico e biográfico) [1936]. 6. ed. revista. Belo Horizonte: Itatiaia/Edusp, 1988, p. 262-3.

Renan, E. *Souvenirs d'enfance et de jeunesse* [1883]. Paris: Calmann-Lévy, 1967.

Teresa: revista de literatura brasileira, 8/9. Programa de Pós-graduação em Literatura Brasileira. São Paulo: Faculdade de Filosofia, Letras e Ciências Humanas, 2008.

Estratégias no mercado editorial brasileiro das décadas de 1960-1970. O papel das antologias de contos e o caso da *Missa do Galo*. Variações sobre o mesmo tema

M. Carmen Villarino Pardo
Grupo Galabra-Universidade de Santiago de Compostela

Missa do Galo. Variações sobre o mesmo tema, é um livro organizado por Osman Lins com a colaboração de outros cinco escritores ("dentre o de maior evidência na literatura contemporânea brasileira", *O Globo*, 12/10/77) com a ideia de recriar o conto de Machado de Assis considerado por vários estudiosos e críticos literários uma "obra-prima", "Missa do Galo"[1] (1899).[2]

Ele convidou cinco escritoras e cinco escritores, dos quais, cinco são do Rio de Janeiro e cinco de São Paulo: Nélida Piñon, Antônio Callado, Autran Dourado, Lygia Fagundes Telles, Julieta de Godoy Ladeira e o próprio Osman Lins (pernambucano radicado em São Paulo). Cada um/a deles/as deveria adotar a perspectiva de uma das personagens principais ou secundárias do conto machadiano (Lins, 1977: 8-9), e o último, a visão do narrador onisciente:

---

[1] Algumas reflexões sobre esse conto podem ser vistas por citar uma referência próxima e recente, no texto de Ascensión Rivas, "Amores imposibles (o retratos del alma humana) em três contos de Machado de Assis" (em A. Rivas – coord. –, 2010, 47-50) e, sobre a própria experiência (literária) derivada do convite de Osman Lins, a crônica de N. Piñon "As artes do Bruxo", publicada em seu livro *Até amanhã, outra vez. Crônicas*, Rio de Janeiro: Record, 1999; ou a conferência de Lygia F. Telles, "O conto" na ABL (02/09/2000) – <http://www.academia.org.br/abl/cgi/cgilua.exe/sys/start.htm?infoid=4266&sid=531>. Acesso em: 24 set. 2013.

[2] O conto "Misa de Gallo" de Machado de Assis, aparece publicado pela primeira vez em 1893 e foi incluído na primeira edição de *Páginas Reunidas*, em 1899.

> Osman Lins (perspectiva do jovem Nogueira, a mesma do conto original); Autran Dourado (perspectiva do escrevente juramentado); Nélida Piñon (perspectiva de Meneses); Julieta de Godoy Ladeira (perspectiva de Conceição); Antônio Callado (perspectiva da sogra); e Lygia Fagundes Telles (visão onisciente). (*O Globo*, 12/10/77).

Tratava-se de uma experiência nova e pouco comum em termos de produto literário brasileiro. Na produção poética, apesar de tratar-se de uma experiência ligeiramente diferente, encontramos vários exemplos, como lembra o jornalista Elias José em um artigo publicado no *Diário Minas Gerais*, de 20/10/79:

> *Canção do Exílio*, de Gonçalves Dias, com apropriações variadas, que vão de um Oswald de Andrade, um Drummond, um Murilo Mendes e chegam a outros de menores méritos. O poema *José*, de Carlos Drummond de Andrade, virou clássico e modelo há muito tempo.

Sendo mais comum na música ou na pintura, como sugere também Osman Lins na introdução da obra (Lins, 1977: 7). Há, no que podemos denominar "o estado da questão", várias obras que, em catálogos recentes, se incluem na epígrafe "Obras inspiradas em Machado".[3]

À edição inicial restrita e de luxo (de 1012 exemplares – sendo doze deles numerados e assinados pelo conjunto de seis autores/as –, em formato quadrado, com planificação gráfica de Diana Mindlin e incluindo uma reprodução fotográfica da versão original de 1899, além de ilustrações de jornais e revistas da segunda metade do século XIX, oferecida como presente de Natal pelo Banco Safra[4] a seus clientes, seguiu-se, simultaneamente, uma edição comercial, mas também bem cuidada, da editora Summus (fundada

---

3 Ver, por exemplo, <http://www.bibliotecavirtual.sp.gov.br/especial/docs/200810--maismachado.pdf>. Acesso em: 24 set. 2013 (onde aparece também o texto organizado por Lins).

4 Para mais informações sobre a entidade bancária, pode-se consultar a página <www.safra.com.br>

em 1974).⁵ com capa de Regina Vater e ilustrações de Otávio de Araújo, um dos melhores artistas plásticos do país (*Jornal da Tarde*, 14/11/77).

A repercussão que essa iniciativa teve, não só visível em um importante êxito de vendas, como também na imprensa, foi enorme,⁶ por tratar-se desse conhecido conto de Machado de Assis e pela sugestiva iniciativa do autor pernambucano. Entre os comentários sobre a obra, destacam-se alguns elogios à participação, entre outros, de Nélida Piñon,⁷ grande admiradora do autor do Cosme Velho.⁸ Outra escritora, Lya Luft, qualificou essa proposta de uma "fascinante experiência de leitura, que prende e surpreende" (*Folha da Tarde*, Porto Alegre, 14/1/78) em um artigo em que comentou que o trabalho de Antônio Callado lhe pareceu "o mais machadiano de todos".

---

5 Ver <www.gruposummus.com.br>.
6 Entre muitas outras referências, basicamente resenhas que aparecem na imprensa jornalística, mencionamos estas: Carlos Menezes, *O Globo*, 12/10/77; Telmo Martino, *Jornal da Tarde*, 28/10/77; *O Estado de S. Paulo*, 22/11/77; *O Globo*, 23/11/77; *O Diário*. Jornal de Minas, 25/11/77; *Tribuna da Imprensa*, RJ, 26-27/11/77; Henry Corrêa de Araújo, *Estado de Minas*, 27/11/77; *Luta Democrática*, RJ, 30/11/77; Osmar Flores, Paulo de Medeiros e Albuquerque, *Gazeta de Notícias*, 8/12/77; *Última Hora*, 17/12/77; *Diário Popular*, 18/12/77; *Diário de Pernambuco*, 18/12/77; Beatriz Bonfim, José Nêumane, *Diário da Manhã*.
Diário da Manhã, Ribeirão Preto-SP, 5/1/78; A. Hohfeldt, *Correio do Povo*, 7/1/78; Rachel Jardim, *O Globo*, 8/1/78; Vera Regina Teixeira, *World Literature Today*, Formerly Books Abroad, Inverno 1979... E, mais tarde, as referências a traduções para o italiano: *La messa del gallo* (1994, org. por Andrea Ciacchi; Roma: Biblioteca del Vascello, 1994) e para o alemão *Kurz vor Mitternacht*.(1994, tradução de Katharina Pfützner, Frankfurt/Leipzig: Insel Verlag, 1994).
7 "A tentativa de entrar no clima machadiano nos parece muito bem-sucedida em Nélida Piñon, não apenas pela perfeita reconstituição da época, minuciosa e sutil, mas também pela assimilação do estilo, tão diferente do seu [...]. Ao humor machadiano Nélida acrescenta um pouco de galhofa e a viva alegria das suas origens galegas" (Rachel Jardim, "O conto mais erótico da nossa literatura", *O Globo*, 8/1/78)
8 Mais evidente, em termos públicos, quando se converte em Presidente da Academia Brasileira de Letras, no ano de seu centenário (1996-1997) – algumas das quais aparecem em seu livro de discursos, *O presumível coração da América*, 2002 –; mas as referências de N. Piñon a Machado de Assis são numerosas e aparecem disseminadas em crônicas, discursos, conferências etc. Como exemplos, "Troia e Machado" (*Aprendiz de Homero*. Ensaio, 2008) ou o texto publicado pelo CEB da Universidade de Salamanca (Rivas, 2010: 11-23), que reproduz um discurso anterior.

O CONTO: MATERIAL DE REPERTÓRIO PRIORIZADO E ESTRATÉGIAS DE LEGITIMAÇÃO

A forma conto é um dos elementos priorizados do repertório utilizado no sistema literário brasileiro em fins da década de 1960 e inícios da década de 1970. Sem esquecer, no entanto, as importantes contribuições que a década de 1940 deu ao (novo) conto brasileiro (Lucas, 1982; Xavier, 1987).

Precisamente, a década de 1960, com a continuidade de escritores/as já consolidados/as no cenário literário brasileiro, é um período muito frutificante (em termos de produtos e produtores, mas também de consumo, nesse sistema literário) para o conto no Brasil. À obra de autores/as com trajetórias reconhecidas como Murilo Rubião, Clarice Lispector, Guimarães Rosa e Lygia Fagundes Telles, acrescentamos o êxito de Rubem Fonseca (*A coleira do cão*, 1965); de Nélida Piñon (*Tempo das frutas*, 1966); de Osman Lins (*Nove, novena*, 1966); e as estreias de Moacyr Scliar (*O carnaval dos animais*, 1968); Luís Vilela (*Tremor de terra*, 1967); ou de Wander Piroli (*A mãe e o filho da mãe*, 1966). Porém, um dado fundamental é que, além do vasto número de autores/as de contos no Brasil (no qual já existia uma importante tradição com figuras do relevo de Machado de Assis,[9] Mário de Andrade ou Monteiro Lobato) existia a vantagem (Lucas, 1982: 143) de que "o público e as instituições se mostravam receptivos para com o gênero", apesar dessa consideração não ser estável.

---

9   Como sabemos, o gênero *conto* não surge no Brasil com Machado de Assis, já que, como indica Barbosa Lima Sobrinho – entre outros –, desde fins da década de 1830 encontramos em jornais brasileiros textos de Justiniano da Rocha ou Francisco Brito, antes do livro de Álvares de Azevedo *Noite na taverna* (1855), considerada obra de referência na tradição historiográfica brasileira. Coincidimos com ele em que, "se nosso conto literário não começou com Machado de Assis – já dizia Alberto de Oliveira – firmou-se com ele, recebendo-lhe das mãos trato que nenhuma das outras anteriormente lhe haviam dado e feição nova e característica com o interesse dos temas e alinho e cuidado do estilo". (Sobrinho, 1960: 47). Se for certo também que a crítica brasileira costuma indicar que Machado "poderia ser considerado legítimo inventor do que a crítica contemporânea chama de 'conto moderno', em oposição ao "conto clássico", centrado na valorização do acontecimento, como propõe Edgar Allan Poe, não fosse o fato de viver no Brasil, periferia em relação ao centro dos acontecimentos artísticos no século XIX" (Mello, 2009: 29).

O conto foi adquirindo, a partir de meados dos anos 1960, um espaço importante no sistema literário brasileiro e uma legitimação de que havia carecido. Entre seus cultivadores encontravam-se alguns dos produtores de maior prestígio no panorama da recente produção literária brasileira, além de que o índice de vendas das antologias de contos aumentou de modo claro (fenômeno que se evidencia mais durante a década seguinte), as revistas culturais e literárias (ou com algum suplemento dedicado a esses temas) dedicavam algumas páginas à sua publicação,[10] e surgiram importantes prêmios para reforçar essa produção.

Alguns integrantes da *institución* (sobretudo determinadas editoras, críticos, mercado e publicações periódicas)[11] percebem, em fins dos anos sessenta, que o conto podia vender, e utilizaram os meios adequados para prestigiar esse material de repertório, criando, para tal fim, prêmios que rapidamente adquirem reconhecimento público e social (pelas quantidades econômicas que oferecem aos vencedores e, especialmente, pela possibilidade de publicar os textos ganhadores) e favorecendo a organização de antologias coletivas que, sob um mesmo tema ou título, reúnem diversos produtores.

Desses prêmios, o Concurso de Contos do Paraná (criado pelo governo do Paraná, em 1968, e que contou com apoios editoriais) converteu-se em um dos mais importantes eventos literários do país durante esse período, e nele se deram a conhecer alguns dos escritores que destacariam, depois, no campo literário brasileiro.[12] O Concurso de Contos do Paraná dinamizou a produção literária e contribuiu como estímulo para a produção e evitalização[13] de um gênero que "estava um pouco desprestigiado como matéria-

---

10 Sabemos que nessa época muitos escritores(as) unicamente publicavam em suplementos literários ou revistas (L.Gonzaga Vieira, *Minas Gerais*. Suplemento Literário, 5/9/70), porque a maioria das editoras fechavam as portas aos novos escritores (além da conhecida indiferença com que, amiúde, o escritor era tratado no país).
11 Utilizamos aqui o termo no sentido em que o faz Itamar Even-Zohar (1990: 37).
12 Cf., entre outros, Villarino Pardo (2000: 144-145) e Millarch (1987: 3).
13 Esse prestígio fez com que, por exemplo, em sua edição de 1976 fossem apresentados 2535 contos, de autoria de 845 pessoas. Era o concurso que mais contos recebia de todo o país. Na opinião de Affonso Romano de Sant'Anna, um dos membros do júri dessa edição, "um

-prima editorial' (especialmente em comparação com o romance). Apesar de alguns êxitos (os livros *Desastres de amor,* de Dalton Trevisan, e *Os 18 melhores contos do Brasil,* de Bloch Editores, tinham repercussão e se mantinhm várias semanas nas listas dos mais vendidos) circulava a ideia de que "o conto não vendia".

De modo que esse prêmio terminou por ter como função a de promover um gênero literário concreto, o conto; e sua mediação foi importante para a atenção que esta forma despertou em determinadas dinâmicas do sistema literário brasileiro desses momentos e para que se convertesse em um dos materiais repertoriados prestigiados, tanto que na década seguinte, a de 1970, chegou a integrar o repertório canonizado.

A atenção despertada sobre o gênero ajudou a que alguns dos contos publicados anteriormente em páginas de suplementos culturais e revistas[14] acabassem integrando antologias que proliferaram no mercado editorial do país, especialmente a partir de meados dos anos 1970, e com resultados proveitosos em termos de consumo. Delas, as de maior êxito foram as que incluíam trabalhos de autoria feminina ou ainda que focalizassem assuntos relacionados com as mulheres. Vários artigos de imprensa dão mostra, por meio de seus titulares,[15] da mudança que se aprecia na luta de forças que regem o campo literário brasileiro desde fins da década de 1970.

---

país que tivesse 845 contistas geniais seria insuportável". Ele também comenta (*Escrita* 8, Ano 1, 1976, p. 16) que entre os textos do concurso havia "muitos escrevendo ('maravilhosamente') como Guimarães Rosa; outros soando uma perfeita Clarice Lispector; muitíssimos escrevendo como Valdomiro Silveira-José de Alencar-Bernardo Guimarães. Rubem Fonseca também faz escola. A narrativa fantástica está se tornando mais comum."

14 Esse tipo de publicações proliferaram a partir de 1975, apesar de terem uma vida breve. Como exemplos, podemos citar *José, Saco-Cultural, Ceará* o *Inéditus* (cf. Ruffato, 2009, 2010). Cícero Sandroni e Eglê Malheiros, da revista *Ficção,* que já havia alcançado o surpreendente número 19, comentaram em 1977: "É difícil manter uma revista de literatura no Brasil: quando não são os problemas financeiros que a ameaçam, é a censura [...]. Passamos por uma fase de surpreendente vitalidade neste setor, mas parece que agora chegou a hora das vacas magras" (Moacyr Scliar, "Porandubas literárias", *Zero Hora,* 21/8/77).

15 "Não deixe de ler o que estas brasileiras escrevem" (*Mais,* Novembro, 1977, p. 67-82); "Escritoras na crista da onda: quatro antologias" (*Jornal de Letras,* outubro, 1978); "Antologias: Um negócio que dá certo. Principalmente quando o tema é mulher" (*Jornal do Brasil,* novembro, 1978, Beatriz Bonfim) etc.

Nas prateleiras das livrarias encontramos títulos como *O conto da mulher brasileira* (organizado por Edla Van Steen),[16] *Elas por Elas* (organizado por Sônia Coutinho),[17] *Mulheres e mulheres* (obra coordenada por Rachel Jardim, publicada pela editora Nova Fronteira, do Rio de Janeiro), entre outros. Se a forma *antologia* se converte em um dos materiais priorizados do repertório literário brasileiro nessa mudança de década porque funciona bem em termos de editora-mercado-consumidores, a marca de autoria feminina passa também a ter um significado especial, reforçado com a presença de outras escritoras como responsáveis pelo livro (a modo de solidariedade *inter pares* – também de sexo).

A presença do conto, como tema de debate ou como produto que se publica, é mais forte em fins dos anos 1960 e na década seguinte do sistema literário brasileiro. Ocupa um importante espaço nas (cada vez menos) páginas culturais dos jornais; "está na moda". É frequente encontrar nesses espaços contos originais de autores e autoras conhecidos e, em geral, vivos, do sistema literário brasileiro. Observa-se, nesse momento, uma fertilidade do gênero, tanto em número de textos produzidos quanto na ampliação do número de produtores, entre os que destaca a presença de escritoras. Ao lado dos nomes de Clarice Lispector e Lygia Fagundes Telles, ou de Helena Silveira, Maria de Lourdes Teixeira e Dinah Silveira de Queiroz com trajetórias já consolidadas, encontramos um amplo grupo composto de novos nomes de produtoras que se incorporam ao campo literário.

Essa tendência continuou na década seguinte, não só em obras de autores individuais, mas também em antologias – os motivos escolhidos para organizá-las eram de tipo muito diferente –,[18] algumas com grande êxito de

---

16 O livro, publicado em 1978, incluiu contos de Lygia Fagundes Telles, Cristina de Queiroz, Edla Van Steen, Nélida Piñon, Julieta de Godoy Ladeira, Hilda Hist, Sônia Coutinho e Vilma Arêas, entre outras. Como vemos, estão incluídas as três autoras que participaram na obra organizada por Osman Lins (1977). Tratava-se de uma "reunião de textos femininos que falam de amor, de solidão, de vida, que tanto os homens como as mulheres devem ler" (E. Van Steen, "Literatura", *Mais*, 1976).

17 Publicada em São Paulo, pela editora Alfa-Ômega.Vid., Tércio Santos, "Pressas do amor", *Jornal do Brasil*, 24/2/79; *Jornal de Letras*, fevereiro/março, 1979.

18 Como mostra, podemos indicar as *Histórias do amor maldito* (1967, organizada por Herme-

vendas. A partir de 1975 a presença do conto é cada vez mais ampla no mercado editorial brasileiro, com a colaboração de alguns dos produtores literários mais prestigiados do país. Vários deles/as aparecem representados no livro organizado pelo prof. Alfredo Bosi, *O conto brasileiro contemporâneo*.[19] E no ano em que morre Osman Lins, 1978, o número de contos publicados foi grande, difícil de registrar (Salim Miguel, "Ficção brasileira: o conto ainda predominante", *Jornal do Brasil*, 30/12/78):

> E embora equivalendo-se em qualidade, outra vez o conto superou, em quantidade (dado importante, pois uma literatura se faz também de quantidade, ficando o trabalho de triagem a critério do tempo), romance e novela.

Com essa estratégia comercial, as editoras envolvidas não arriscavam muito na iniciativa porque procuravam alcançar um público amplo por meio do próprio caráter divulgativo e heterogêneo das coletâneas[20] e da seleção

---

negildo Sá Cavalcanti; com textos de Lúcio Cardoso, A. Dourado, N. Piñon, O. de Faria, P. Hecker Filho...), *Os 18 melhores contos do Brasil* (1968, com textos de D. Trevisan, Ignácio de Loyola, N. Piñon, Luiz Vilela...), a *Antologia de contos brasileiros de bichos* (1970, Bloch Editores, organizada pelos baianos Hélio Pólvora e Ciro de Matos e com textos de Guimarães Rosa ou J. Simões Lopes Neto); *Os melhores contos brasileiros de 1973* (1974, VVAA, editora Globo; com textos de Clarice Lispector, Nélida Piñon, Rubem Fonseca, Víctor Giudice, Sérgio Sant'Anna, Luiz Vilela etc.

19 O livro foi publicado em São Paulo (Cultrix/EDUSP) e incluía textos de Clarice Lispector, Samuel Rawet, Lygia F. Telles, Nélida Piñon, Murilo Rubião, Luiz Vilela e Osman Lins, entre outros). Em uma resenha a respeito desse livro, o crítico Fausto Cunha explica: O conto brasileiro atravessa um momento favorável – bem diferente daquela situação que nós próprios assinalávamos há menos de dez anos. Os concursos literários, as revistas e, sobretudo, as edições e reedições de livros de contos mostram que esse gênero finalmente encontra, ou reencontra, entre nós, o seu lugar ao sol. (Fausto Cunha, "Resenhas", *Ficção*, Abril, 1976).

20 Pode ser útil o exemplo citado da antologia *Os melhores contos brasileiros de 1973* (V. nota 9), porque o objetivo da editora foi o de reunir contos que haviam aparecido de modo independente em revistas e páginas de periódicos, espaços que permitem uma divulgação mais rápida e menos estática que a que às vezes oferece um livro (Emanuel de Moraes, "Contos, uma produção anual", *Jornal do Brasil*, 5/10/74). Também Aguinaldo Silva, crítico e colaborador do jornal *O Globo*, comenta que uma antologia como esta permite ao leitor descobrir "a vitalidade de um gênero literário tido como maldito há alguns anos no Brasil, e que agora é o favorito da maioria dos nossos escritores: o conto" (Aguinaldo Silva, "O conto ganha status", *O Globo*, 13/10/74).

de assuntos que as definiam ou dos títulos apresentados ("os melhores contos"...), que eram mais facilmente consumidas pelo público que as antologias de um único autor, especialmente se este/a não ocupava posições centrais no sistema literário.

Se contrastamos essa imagem com a época em que Machado de Assis adota as diversas tomas de posição que o situam como um dos legitimadores desse gênero na tradição literária brasileira, observamos que seus contos, publicados entre 1858 e 1907, apareceram majoritariamente em jornais (*Jornal das famílias* – entre 1864-1878 –, *A Estação* – entre 1879 e 1898 – e na *Gazeta de Notícias* – entre 1881-1897). Segundo as palavras do crítico Domício Proença Filho (2010: 98), "o *Jornal das Famílias* e *A Estação* eram revistas femininas. Portanto, o autor dirigia basicamente sua produção a um público específico". De todos os modos, convém ser cauto em relação ao número de leitores da época[21] (e se se trata de livros ou de outras publicações) e relativizar a ideia generalizada de que havia um numeroso público feminino leitor no Brasil, como já assinalou J. Veríssimo em *Estudos da Literatura Brasileira* (3ª série, 1977: 31-48).

Transformações no sistema literário brasileiro em princípios da década de 1970.

Muitos produtores, muitos textos e também a diversidade de temas e opções assinaladas ao longo da década de 1970. Na opinião de alguns críticos, o conto, nesses anos, "simplesmente não é mais o que foi, nosso tempo está pedindo outro jogo" (Vieira, 1970). É um período de mudanças, na predileção de determinados materiais de repertório (por parte de produtores, mercado e consumidores) e também, em geral, das dinâmicas que funcionam no campo literário; de certo modo pelas novas estratégias de relação entre este e o campo do poder, sobretudo no período pós-68 (cf. Süssekind, 1985).

---

21 Coincidimos com o professor paulista Hélio Guimarães, para quem, "os dados das tiragens combinados com a velocidade do consumo das primeiras edições, o número total de títulos publicados anualmente no Brasil e os altos preços dos livros são indicadores da pouca popularidade do texto literário no Brasil oitocentista" (Guimarães, 2004: 67)

O sistema literário brasileiro desses momentos apresentou sintomas evidentes de estar vivendo uma reestruturação. Ao esboçar um balanço (literário) da década de 1960 o escritor e crítico Assis Brasil (*O Cruzeiro*, 13/1/71) destaca, em uma década que considera importante para a consolidação da tradição literária brasileira, o excepcional momento por que passa o (novo) conto brasileiro, com um grupo importante de autores, experimentando ("longe das historiazinhas bem arrumadas e lógicas que alguns ainda cultivam") como também se experimentou, indica, na poesia e no romance.[22] Os nomes de Dalton Trevisan, Rubem Fonseca, Luís Vilela, José Edson Gomes, José Louzeiro e J.J. Veiga são os destacados por Assis Brasil; apesar de que, como aponta nesse mesmo artigo o filólogo Antônio Houaiss, muitos dos autores de romance dessa década (e incluso da de 1970) também aparecem cultivando a forma conto.[23]

Nessa época, o escritor e crítico Aguinaldo Silva (1966) recordou que "o conto tem sido o gênero preferido pelos nossos ficcionistas para as suas experimentações formais" e, como exemplo, cita o uso que Osman Lins faz da forma *cuento* em *Nove, Novena*, em sua opinião, para "livrar-se de todos os vícios do passado e lançar-se em novos caminhos".

Não é Aguinaldo Silva o único em entender o uso desse material como fase de experimentação de um autor (ou autora), porque outros críticos também querem ver no conto a melhor forma narrativa da ficção para fases de transição dentro do panorama de um sistema literário. Dessa opinião é Antonio Candido (*Veja*, 15/10/75), quem considera que o conto, por não haver conseguido ainda a plenitude dos gêneros tradicionais – no momento que ele indica – serviria muito bem para fases de experimentação, de mudança ou de transição, porque

---

22 "A preocupação de nossos atuais contistas, parece, divide-se notadamente entre a busca de uma linguagem nova ou original ou simbólica e a tentativa de narrar o drama de uma consciência, marcada pela pluralização de problemas da vida moderna. (Lucas, 1968: 24).
23 Como exemplos podemos recordar os/as seis autores/as que "versionam" o conto machadiano em *Missa do Galo. Variações sobre o mesmo tema;* já que nenhum/a deles/as trabalha unicamente com livros de contos.

> [...] o conto é curto e se encaixa perfeitamente dentro do espírito moderno, de muita rapidez, mantendo o elemento ficcional do romance, sem o compromisso da extensão. E, porque permite uma grande injeção de poesia, é uma forma mais ou menos ideal para fases de experimentação.

Fases de experimentação que podem afetar o sistema literário em geral ou de modo particular a algum produtor, como ocorreu no caso de Osman Lins[24] e, em certa medida, com o aumento de produção contística que se dá desde fins da década de sessenta até fins da década seguinte.

Em 1970, a professora, ensaísta e crítica literária Bella Jozef recorda que "a ficção brasileira encontra-se no caminho de sua reformulação" (*O Comentário*, 4, 1970), porque o romance e o conto atuais, "ao exprimir (e criar) novas relações entre o homem e o mundo reformularam suas estruturas", e, de fato, a década de 1970 serviu para mudar e consolidar algumas das dinâmicas estabelecidas no campo literário (muito condicionadas pela relação entre este e o campo do poder), sobretudo, em termos de repertórios.

O ESTATUTO DO ESCRITOR PARA DIVERSAS AUTORIAS E MOMENTOS DE *MISSA DO GALO*

O livro despertou especialmente a atenção[25] para análise de tipo in-

---

24 Em 1966 ('intenso trabalhador da palavra e da linguagem narrativa", assim como foi designado Osman Lins) publica *Nove, novena*, um livro de contos ou narrativas – tal como as definiu – que, para muitos, foi o mais complexo e rico dos publicados durante esse ano.

25 Cf. por exemplo, CHICOSKI, Regina; PONTAROLO, Adrieli. "A representação da trajetória feminina na obra Missa do Galo – variações sobre o mesmo tema". In: AAVV, *IV Semana do Setor de Ciências Humanas, Letras e Artes do Campus de Irati. Procedimentos Metodológicos*: reflexões sobre o ensino e a aprendizagem. Guarapuava: UNICENTRO, 2007, p. 35-48; NUNES, Tânia T.S. "Crítica, deslocamentos e transgressões em Missa do Galo de Machado de Assis". In: AAVV, *I Seminário Machado de Assis*. UFRJ-UFF-UERJ: Disponível em: <www.filologia.org.br/machado_de_assis/seminario_machado_de_assis.html>; PILIZZARO, Tiago. "A intertextualidade nos contos Missa do Galo, de Machado de Assis e Nélida Piñon". In: *Línguas & Letras*, v. 9, n. 17, 2. sem., 2008, p. 11-25; _____. "O valor hipotextual do conto 'Missa do Galo'". In: *Signo*, vol. 33, n. especial, julho, 2008, p. 99-108; SCARPELLI, Marli Fantini. "Entre ditos e interditos: 'Missa do Galo'". In: *O eixo e a roda*, v. 7, 2001, p. 20-43; ZOLIN, Lúcia Osana. "A re-

tertextual em que se estudam, com mais ou menos pormenor, as estratégias narrativas escolhidas pelos vários autores/as que respondem ao repto proposto O. Lins. Continuando com a metáfora criada por Paul Dixon em relação às personagens machadianos, poderíamos dizer que, com esse livro de 1977, põe-se o modelo em movimento[26] (e a palavra *modelo* aparece referida por Osman Lins na introdução do livro [1977:7]).

A esse respeito, interessei-me mais por aspectos que recordam o lado institucional e de mercado do produto literário, e pelo estatuto de quem assina a autoria do mesmo.

Costuma-se lembrar a faceta de Machado de Assis como o primeiro presidente da Academia Brasileira de Letras, fundada em 1897; mas, com frequência, esquecemos que essa instituição surge em um espaço social marcado por dinâmicas que funcionam dentro de um campo literário e um campo intelectual que permitem entender o nascimento da mesma, assim como o papel que esta adquire. São especialmente úteis as referências, fontes e reflexões que introduzem as professoras Marisa Lajolo e Regina Zilberman no livro *O preço da leitura* (2001: 121-154), para entender algumas das claves desse período. Assim, sabemos que, um século antes da publicação de *Missa do Galo: variações sobre o mesmo tema*, alguns escritores e intelectuais brasileiros colocavam no centro do debate político e cultural da época questões que, em 1976 e 1977 tornem a estar em plena vigência no sistema literário brasileiro moderno. O espaço social não é o mesmo, mas há aspectos que aproximam o debate.

Segundo as palavras de Lajolo/Zilberman (2001: 147-148),

> Assim, nas primeiras décadas do século XX o Brasil dispõe de lei e regulamentação relativas ao direito autoral, concretizando uma

---

escritura de *Missa do Galo* através de um olhar feminino". In: *Acta Scientiarum. Human and Social Sciences*. Maringá, v. 23, n. 1, 2001, p. 103-108.

[26] Na opinião do ensaísta estadunidense, "os 'personagens' não precisam levar o leitor à associação com pessoas de carne e osso, porque são apenas receptáculos de ideias, pontos de vista ou valores. São, por assim dizer, modelos em movimento, mais do que gente" (Dixon, 2006: 189).

das aspirações da geração que lutou pela República, no século XIX. As reivindicaões começaram a tomar corpo após 1870, época em que os intelectuais aderiam às ideias positivistas e materialistas que desembocariam na derrubada do regime monárquico. Cientes de seu desamparo profissional, preferiram, ao lamento narcísico dos românticos, lutar pelo estabelecimento de agremiações que os congregassem e, ao mesmo tempo, se empenhassem na conquista de remuneração apropriada, direitos legais e proteção a seus familiares.

As tentativas de agrupamento que reunissem homens de cultura (essencialmente, homens de letras) concentraram-se, basicamente, na criação de duas associações que costumam ser indicados como antecedentes da fundação de uma Academia Brasileira de Letras. Coincido con Lajolo/Zilberman (2001: 150) na afirmação de que,

> cabia a uma entidade associativa que correspondesse, digamos, a um sindicato, lutar pelo respeito à propriedade intelectual e literária e assegurar pensões a seus sócios. Tanto no projeto da Associação dos Homens de Letras, de 1883, quanto no da Sociedade dos Homens de Letras, de 1890, essas ideias estão presentes, mas não se concretizam.
>
> Em seu lugar, e no mesmo período, mas com objetivos distintos, é fundada a Academia Brasileira de Letras. Abrigando a elite letrada atuante na época e sendo, até hoje, entidade máxima das letras brasileiras, em seus princípios, modo de ser, regimento e práticas, ela é omissa quanto à perspectiva profissionalizante da escrita.

Por trás dessas iniciativas para conseguir um estatuto de legitimação para escritor, produto literário e um reconhecimento em forma de direitos de autor (ou de propriedade intelectual; cf. Lajolo/Zilberman, 2001: 136-137) estavam, em fins do século XIX e início do XX, escritores que ocupavam algumas posições centrais no campo intelectual brasileiro. Entre eles, Sílvio Romero, Franklin Távora, Pardal Mallet e Machado de Assis.[27]

---

27 A princípios do século XX, também João do Rio escreve a favor da profissionalização do escritor (cf. *O momento literário*, 1908).

O autor de *Missa do Galo*, entre outros textos, participou dessas reivindicações, não só participando da diretoria da *Sociedade dos Homens de Letras*, como também com artigos de crítica, com cartas (entre outros, a Joaquim Nabuco) e, posteriormente, na fundação e presidência da ABL, em cujos estatutos não se reflete de modo claro "a questão da remuneração das Letras" (Lajolo/Zilberman, 2001: 150).

O empenho em conseguir um amparo legal para o produtor e o produto literário se viu, às vezes, relegado a um segundo plano ao discutirem-se questões políticas que traía a mudança de uma estrutura monárquica para uma republicana para Brasil. A autonomia de um incipiente campo literário brasileiro em relação ao campo do poder (político e econômico) estava em suspeição (Guimarães, 2004: 67) e a criação de uma instituição como a ABL não acabou de solucionar isso. Como bem sugerem Lajolo e Zilberman, a criação de uma Academia Brasileira das Letras conferiu respeitabilidade ao escritor consagrando a aqueles que passavam a integrar a instituição (e o processo de institucionalização é fundamental nesses momentos para o estatuto de escritor), mas não entrava claramente na profissionalização de seus membros, atuais ou futuros.

A Academia Brasileira de Letras surge, como vemos, em um momento de importantes transformações políticas e sociais, muito visíveis na cidade do Rio de Janeiro que vive uma reestruturação quase obsessiva por parte de algumas autoridades políticas. Insiste-se em que a capital vive a euforia de 1900, a época do *bota abaixo* (obras de Pereira Passos), da ideia de que *o Rio civiliza-se*, com uma nova geografia urbana e os dândis estreando a nova cidade... A ABL surge nessas coordenadas e não é alheia aos planos alternativos organizados por outros agentes do sistema (que ocupam, na época, posições mais periféricas) nos cafés[28] da Rua do Ouvidor ou na Uruguaiana (o Papagaio ou o Café Central); nem nas sessões nos palacetes de Laurinda

---

28 Ali se reuniam basicamente os boêmios, porque, em fins do século XIX, as linhas de força mais visíveis do campo literário brasileiro podemos indicar que eram: o grupo da livraria Garnier, que se polariza em torno à figura de Machado de Assis; os nefelibatas ou simbolistas, liderados por Cruz e Sousa; e o grupo boêmio, reunido em torno Paula Nei e José do Patrocínio.

Santos, de Coelho Neto ou de Júlia L. de Almeida ou em livrarias como a Garnier,[29] onde assistia Machado de Assis e escritores a ele vinculados.

Muitos anos mais tarde, a meados da década de 1970, o debate sobre essa mesma instituição se centrou em uma questão que vinham mobilizando algumas escritoras como Dinah Silveira de Queiroz: a possibilidade de que alguma delas fosse membro da ABL. Em uma sociedade que ainda "reserva espaço à mulher por cota",[30] foi preciso esperar oitenta anos para que a Academia Brasileira de Letras abrisse suas portas à primeira mulher.[31] Foi Rachel de Queiroz a eleita. Nesse ano de 1976, depois de uma polêmica com bastante presença na imprensa,[32] a ABL – como instituição – mudou finalmente de ideia e aprovou uma mudança no artigo 17 de seu regulamento interno, a conhecida Emenda Osvaldo Orico, que permitia o ingresso de mulheres na Academia (14 de outubro de 1976).

Essas discussões se entrecruzam, a meados dos anos 1970, com outras já conhecidas sobre a condição do ofício de escritor (assim como a heteronomia/autonomia do campo literário), sendo assunto destacado de alguns encontros que, a escassa abertura política do regime militar, permitia a partir de 1975.

Assim, no encontro organizado em Porto Alegre, em outubro de 1976, *Projeto Cultur 76*, meia centena de escritores/as e críticos/as (entre outros, José Louzeiro, Clarice Lispector, Leo Gilson Ribeiro, Lygia Fagundes Telles ou Nélida Piñon) decidiram aprovar um documento a favor da profissionalização da classe de escritora e em defesa da liberdade de criação. Nesse escrito de 27 de outubro, "os escritores clamavam sobretudo pela profissionalização de sua ocupação destacando a importância do projeto e pedindo uma maior

---

29 A propósito do papel desempenhado pela ABL e por espaços como a livraria Garnier nas dinâmicas que vive o sistema literário brasileiro no período da "belle époque" (Villarino Pardo, 2005) torna revelador um texto de João Luso (publicado na revista *Kosmos*, em noviembre de 1908), "A sublime porta".
30 Como denuncia Nélida Piñon em 1977, *Cultura Impressa* (p. 11), São Paulo.
31 V., por exemplo, *Correio do Povo*, 4/8/76; *O Estado de S. Paulo*, 4/8/76; *O Fluminense*, 4/8/76 etc.
32 Cf., entre outros, os artigos publicados em: *Última Hora*, 27/7/76, I. Burnett; *Jornal da Tarde. O Estado de S. Paulo*, 4/8/76, etc.

objetivação junto às escolas" (A. Hohlfeldt, "Dois anos de projeto Cultural", *Cultura Contemporânea* 6, 1977).

Surgiu a ideia da fundação de organismos associativos que, em um prazo legal, se transformassem em sindicatos e em uma federação nacional. Um sindicato diferente daqueles que existiam, e na prática não funcionavam como tais,[33] no Rio de Janeiro e em São Paulo. Esses produtores literários entendiam que era evidente a necessidade de regularizar a profissão e de evitar casos humilhantes de abusos editoriais, ao entender que "a literatura atualmente deixou de ser uma coisa ornamental. É uma profissão que precisa de todo o amparo legal" (Leo Gilson Ribeiro, *Veja*, 3/11/76).

Nesse Encontro participaram produtores/as que já ocupavam uma posição de prestígio no interior da rede sistêmica. Estes insistiram na necessidade de associar-se em torno a um sindicato forte, que defendesse seus interesses (V. Wyler, *Jornal do Brasil,* 26/8/76); uma decisão que apoiaram majoritariamente em Porto Alegre em 1976-1977 e que levou, por exemplo, aos/às autores/as cariocas a participar da renovação e dinamização do Sindicato dos Escritores do Rio de Janeiro (SERJ). Aqueles que participaram desses processos eram conscientes de que um sindicato não ia resolver todos os problemas do escritor e do mercado editorial, mas se mostravam convencidos de que era necessário agrupar-se.

Apesar de que a principal preocupação da maioria deles/as era conseguir a liberdade de expressão e a democracia no Brasil, um número amplo – a maioria presente nos debates públicos em Porto Alegre, São Paulo ou Rio de Janeiro entre 1975-1977, e ocupando posições pouco periféricas – buscavam o prestígio e a legitimação de seu trabalho e de seu ofício através da via que a profissionalização lhes oferecia.

---

33 José Louzeiro (um dos principais responsáveis pela criação do SERJ a partir do *Jornal do Escritor* – fundado por aquele em 1968) indicou que nos primeiros momentos do Sindicato houve alguma confusão entre sindicalismo e clube literário, e que alguns colegas deixaram de pertencer a ele ao comprovar que não se tratava de uma editora.

A MODO DE CONCLUSÃO

A solidariedade e o reconhecimento *inter pares* que esse tipo de encontros propiciou, facilitou a concepção de uma ideia de classe que, ao longo da década de 1980, foi se fazendo mais patente. O desconhecimento de alguns colegas de ofício por causa do marasmo intelectual (provocado por algumas das estratégias utilizadas por agentes do campo do poder político em relação com o campo literário no período pós-68) foi substituindo, ao longo de 1977, colaborações em semanas dedicadas ao escritor, Encontros sobre Literatura, manifiestos, caravanas literárias...

O livro organizado por Osman Lins pode ser visto como uma iniciativa em relação a essa situação. *Pares* que se reconhecem e que são reconhecidos pela crítica.

Referências bibliográficas

Dixon, P. "Modelos em movimento: os contos de Machado de Assis". In: *Teresa. Revista de Literatura Brasileira*, 6-7, 2006, p. 185-206.

Even-Zohar, I. "The literary system". In: *Poetics today* 1: 11 (Spring), 1990, p. 27-44.

Guimarães, H. de S. *Os leitores de Machado de Assis:* o romance machadiano e o público de literatura no século 19. São Paulo: Nankin Editorial-Edusp, 2004.

Lajolo, Marisa; Zilberman, R. *O preço da leitura. Leis e números por detrás das letras.* São Paulo: Ática, 2001.

Lins, O. (Org.): *Missa do Galo. Variações sobre o mesmo tema.* São Paulo: Summus, 1977.

Lucas, F. "Renovação do Conto". In: *Cadernos Brasileiros* 46, mar.-abr., 1968, p. 24.

_____. "O conto no Brasil moderno". In: Proença Filho, D. (Org.). *O livro do Seminário. Ensaios.* São Paulo: LR Editores, 1982, p. 103-164.

Mello, A. M. L. de. "Tradição e inovação nos contos de Machado de Assis". In: Vânia Pinheiro Chaves *et alii,* (Orgs.). *Lembrar Machado de Assis (1908- -2008).* Lisboa: CLEPUL-Missão do Brasil/CPLP, 2009, p. 29-40.

Millarch, A. "Contos, recordando os velhos concursos". In: *Estado do Paraná.* "Almanaque", 16/09/1987, p. 3. Disponível em: <http://www.millarch.org/artigo/contos-recordando-os-velhos-concursos.> Acesso em: 28 set. 2010.

Proença Filho, D. "El cuento de Machado de Assis". In: *Revista de Cultura Brasileña,* 7, 2010, p. 98-129.

Ruffato, L. "Revistas literárias da década de 1970 (1-10)". *Rascunho.* Disponível em: <http://rascunho.rpc.com.br/index.phpras=secao.php&modelo=2&secao=3&lista=1&subsecao=59&ordem=0&semlimite=todos>. Acesso em: 28 set. 2010.

Ruffàto, L. "Revistas literárias da década de 1970 (11-12)". In: *Rascunho*. Disponível em: <http://rascunho.rpc.com.br/index.phpras=secao.php&modelo=2&secao=3&lista=1&subsecao=59&ordem=0&semlimite=todos>. Acesso em: 28 set. 2010.

Silva, A. "Livros. Novos rumos em Nélida Piñon". In: *Última Hora*, 12/9/66.

Sobrinho, B. L. *Os precursores do conto no Brasil.* Rio de Janeiro/São Paulo: Civilização Brasileira, 1960.

Süssekind, F. *Literatura e vida literária:* polêmicas, diários & retratos. Rio de Janeiro: Jorge Zahar Editor, 1985.

Villarino Pardo, M. C. *Aproximação à obra de Nélida Piñon. A república dos sonhos.* (A trajetória de Nélida Piñon no sistema literário brasileiro). Santiago de Compostela: Universidade de Santiago de Compostela, 2000. CD-ROM.

Villarino Pardo, M. C. "Dos Pré(s) e dos pós-. A propósito do chamado Pré-modernismo brasileiro". Fernandes, Maria da Penha Campos (Org.). *História(s) da literatura.* Actas do 1º Congresso Internacional de Teoria da Literatura e Literatura Lusófonas. Coimbra: Almedina, 2005, p. 221-237.

Xavier, E. *O conto brasileiro contemporâneo. A modalidade urbana dos anos 20 aos anos 70.* Rio de Janeiro: Padrão, 1987.

Biografia dos autores

Domício Proença é membro da Academia Brasileira de Letras, professor de Literatura Brasileira em diversas universidades brasileiras e alemãs, ensaísta, poeta e autor de *Capitu, memórias póstumas*, onde se prolonga em voz feminina o romance machadiano *Dom Casmurro*.

Ana Maria Machado é membro da Academia Brasileira de Letras e sua atual presidente. Renomada escritora, recebeu importantes galardões de literatura infantil, como o "Hans Christian Andersen" (2000) e o "Machado de Assis" (2001) pelo conjunto de sua obra. Seu romance *A audácia dessa mulher* também prolonga a obra machadiana *Dom Casmurro* a partir da perspectiva de Capitu.

Pedro Javier Pardo García é professor de Literatura Inglesa na Universidade de Salamanca, apesar de ser a Literatura Comparada seu campo de pesquisa, igualmente desenvolvido nas universidades da Califórnia, de Paris e Cambridge. Autor de inúmeras obras sobre a tradição cervantina na Literatura Inglesa, em particular no romance do século XVIII, tema sob sua coordenação na *Gran Enciclopedia Cervantina* (2005-).

Antonio Maura é escritor, jornalista e crítico especializado em Literatura Brasileira. Coordenador, desde sua fundação, da Cadeira de Estudos Brasileiros na Universidade Complutense de Madri, publicou cerca de uma centena de trabalhos sobre Arte e Literatura Brasileira. Por seu trabalho em prol da cultura brasileira recebeu os prêmios "Machado de Assis" (1993) e "Os melhores de 1996", concedidos pela Academia Brasileira de Letras e Associação de Críticos de Arte de São Paulo, respectivamente, assim como a medalha da "Ordem do Rio Branco" (1997), outorgada pelo Ministério das Relações Exteriores do Brasil.

Maria Isabel López Martínez é professora de Teoria da Literatura e Literatura Comparada da Universidade de Estremadura. Escreveu quase uma centena de artigos e vários livros de crítica literária nos quais tratou da poesia contemporânea (especialmente de Juan Ramón Jiménez, Vicente Aleixandre, Miguel Hernández e Pablo Neruda) e da literatura do Século de Ouro. Trabalhou igualmente sobre relações interartísticas (*La mujer ante el espejo: un motivo literario y artístico / A mulher diante do espelho: um motivo literário e artístico*) e comparativismo (*La poesía andalusí en la lírica contemporánea / A poesia andaluza na lírica contemporânea*). Recebeu vários prêmios de pesquisa, entre os quais se destacam o "Internacional de Crítica Literaria Amado Alonso", o "Premio de Monografías Archivo Hispalense" e o *accessit* no "Premio Nuestra América".

Ascensión Rivas Hernández, é professora de Teoria da Literatura e Literatura Comparada da Universidade de Salamanca. Publicou inúmeros ensaios de crítica, teoria e literatura comparada sobre o *Quixote*, poética barroca, autores do século XIX e literatura contemporânea. Desde 2008 colabora com o Centro de Estudos Brasileiros da Universidade de Salamanca, onde dirigiu vários projetos sobre literatura brasileira. É editora do livro *El oficio de escribir: entre Machado de Assis y Nélida Piñon*.

Begoña Alonso Monedero é professora de Língua e Literatura Espanhola. Licenciada em Teoria da Literatura e Literatura Comparada, além de doutora em Filologia Hispânica pela Universidade de Salamanca. Autora de estudos comparativistas em torno à imagem da vida como rio na literatura antiga e medieval, assim como acerca da análise sobre a narrativa de Dino Buzzati e Javier Cercas. É membro da Sociedade Espanhola de Literatura Geral e Comparada.

Carlos Paulo Martínez Pereiro é titular de filologia galega e portuguesa da Universidade da Coruña, onde dirige as publicações da Biblioteca-Arquivo Teatro "Francisco Pillado Mayor". Entre suas mais recentes monografias destacam-se *Querer crer entrever* (2007), em que aborda diversos textos e autores da literatura brasileira moderna, e *A man que caligrafando pensa* (2010), na qual são analisados, a partir da variada prática caligráfica, diversas facetas e âmbitos, literários e artísticos, da transitividade plástico-escritural.

JAVIER SÁNCHEZ ZAPATERO é professor de Teoria da Literatura e Literatura Comparada da Universidade de Salamanca, instituição na qual codirige o "Congreso de Novela y Cine Negro"/ "Congresso de Romance e Cine Violento". Além de crítico literário em diversos meios de comunicação, é autor de vários artigos de pesquisa e ensaios como *Escrever o horror. Literatura e campos de concentração*.

MARCOS ANTONIO MORAES é professor de literatura Brasileira no Instituto de Estudos Brasileiros da Universidade de São Paulo. Realiza pesquisas sobre a epistolografia no Brasil. Publicou, entre outros livros, *Correspondência Mário de Andrade & Manuel Bandeira* (Edusp/IEB, 2000) e *Orgulho de jamais aconselhar: a epistolografia de Mário de Andrade* (Edusp/Fapesp, 2007).

CARMEN VILLARINO PARDO é titular de Literatura Brasileira no Departamento de Filoloxia Galega da Universidade de Santiago de Compostela e membro do Grupo Galabra (USC). Trabalhou com Literatura Brasileira nas últimas décadas, dando especial ênfase à trajetória literária de Nélida Piñon e à relação entre o campo literário e o campo do poder no período pós-64. Recentemente, dedicou também seu trabalho à difusão da Literatura Brasileira no exterior e à profissionalização do escritor na Espanha.

Joaquim Nabuco
Correspondente Internacional - 2 volumes

Organizadores
José Murilo de Carvalho, historiador e membro da ABL
Cícero Sandroni, jornalista e membro da ABL
Leslie Bethell, historiador e sócio-correspondente da ABL

Publicação em dois volumes, promovida pela Academia Brasileira de Letras em coedição com a Global Editora, vem preencher a lacuna, realizando, aliás, o desejo do próprio Joaquim Nabuco registrado em seu *Diário*, em 1894, mas nunca realizado. Trata-se de vasta e rica produção, até hoje inédita, em livro sobre sua atuação como correspondente internacional de jornais brasileiros. Joaquim Nabuco foi talvez o primeiro correspondente internacional de nossa imprensa. Ao atender seu desejo, o de ter seu livro publicado, esta obra também fornece ao leitor atual um curso intensivo de história da política internacional, sobretudo britânica, do final do século XIX, escrito com perspicácia, imaginação e elegância.

Enciclopédia de Literatura Brasileira - 2 volumes

Direção
Afrânio Coutinho
J. Galante de Sousa

Ao contrário de muito livro cujo título promete mais do que realmente oferece, a *Enciclopédia de Literatura Brasileira* ultrapassa de longe as expectativas do leitor e o rigor do título.

Muito mais do que um repertório de nomes, os dois volumes da *Enciclopédia* – idealizada e dirigida pelos professores Afrânio Coutinho e José Galante de Sousa – oferecem um panorama abrangente da realidade literária brasileira, abordando um sem-número de temas, problemas, dados e fatos relacionados com a nossa literatura e a vida literária, através de verbetes redigidos por especialistas, alguns com a amplitude e a concisão de pequenos ensaios.

A presente edição, revista e ampliada, contém cerca de 15 mil verbetes, incluindo ao redor de 1.200 autores contemporâneos, cujos dados são de acesso difícil, ou impossível, mesmo na internet. Para tanto, foram enviados 5.590 formulários a escritores de todo o país, solicitando informações bibliográficas e pessoais. Pela sua amplitude e atualização, a *Enciclopédia de Literatura Brasileira é a obra mais completa do gênero*.

GRÁFICA PAYM
Tel. (11) 4392-3344
paym@terra.com.br